シリーズ
日本語を知る・楽しむ
II

今どきの日本語
変わることば・変わらないことば

遠藤織枝 編

ひつじ書房

はじめに

この本を手に取っていただき、ほんとうにありがとうございます。

まず、この本を出そうと思ったきっかけからお話ししたいと思います。

2016年8月、わたしたち現代日本語研究会の研究グループは、『談話資料　日常生活のことば』（ひつじ書房）を出版しました。これは、日常生活の中で録音した談話そのままを文字化して、それを基にして現代の日本語の話しことばのさまざまな実相を探り出そうとしたものです。書籍としては、共同研究者13人の論文と、文字化資料全部を収めています。

この談話の資料は次のようにして作りました。まず、20代から70代までの男女2～3人ずつ、計31人の方に依頼して、協力者になってもらいました。その協力者に、それぞれ3つか4つの場面で約10分ずつだれかと話し合い、それを録音してもらいました。そして、その録音を文字化して文字資料を作りました。

文字化するときは、研究グループのメンバー全員が何度も何度も聞きなおして、発話文を正確に聞き取ることはもちろん、そのほかに、笑い・言いよどみ・重なり・沈黙などのさまざまな情報を聞きとり、聞き分けました。そして、最終的にはメンバーのうちの3人が、さらに繰り返して聞きなおし、全体としての確認や調整の末、精密なデータに仕上げました。

資料の概要としては、発話時間：17時間38分、話者数：179名、データ数（レコード数）：27048ということになります。

次いで、この文字化資料を基に、グループのメンバーがそれぞれの興味と関心によってテーマを決めて研究論文としてまとめました。テーマとしては、敬語・自称詞・終助詞など用語に関するもの、談話の重なり・要求表現といった談話分析に関するものなどがあります。

刊行の目的としては、これら論文を発表することもさることながら、文字化資料をCD-ROMにして公開し提供することにもありました。生の談話資料を、現代日本語の話しことばを研究する人々に役立ててもらいたいと考えました。自然談話の資料はなかなか手に入らなくて、わたしたち自身が研究するのに困ってきた経験から考えたことです。

２０１６年秋、『談話資料　日常生活のことば』をやっと刊行して一息ついたところで、この生の談話資料から見えてくる、現在の日本語のおもしろいところをできるだけ多くの皆さんに伝えたいと思いました。論文でも読みやすくおもしろく書けるはずですが、論文の場合は、精密な分析を経て、新しい知見を交え、論理的に矛盾のないように展開しなければなりません。どうしても、引用や数字が多くなり硬い文章になりがちです。さっと読み飛ばしていただくわけにはいかないし、だれにでも気軽にお薦めもできません。もっと肩ひじ張らずに読んでいただける本を出したいと思いました。せっかくがんばって論文を書き上げても、一部の院生・研究者にしか読まれないのは残念です。気楽に手に取って、「へえー、それってそんなに古いことばだったの？」「なんか変だと思っていたけど、そういうことだったのか」と思っていただけるような本を作りたいと考えました。読みやすい文章の読み物にしてできるだけ多くの方に読んでもらいたいと思いました。談話資料による知見報告の、『談話資料　日常生活のことば』が論文版とすれば、こちら『今どきの日本語――変わることば・変わらないことば』はエッセイ版ということになります。
エッセイとして、気楽に、しかもふんふんとうなずいたり、そうかなと疑問を挟んだりしながら読んでいただけるよう心掛けながら執筆しました。いかがでしょうか。読みやすく楽しい本になっているでしょうか。

ことばの研究を続けているわたしたちの現代日本語研究会の紹介もさせてください。ことばの研究会と一口で言っても、さまざまな方法・目的・方針のもと、いろいろな研究会が存在します。わたしたちの研究会は、語彙の分布や変遷、ことばとジェンダー、談話分析、日本語教育研究など、会員がそれぞれの研究テーマをもって、いろいろな事象を解き明かそうとしています。そういった研究は、研究のための研究であってはいけない、何かわかったからそれでいいと自己満足に終わるだけのものであってはいけないと思います。ことばは人間そのものです。社会そのものの反映です。ことばの研究は人と社会とを切り離しては成り立ちません。その当然のことを常に意識しながら研究を続けたいと考えています。研究して論文を書いておしまいというのではなく、その結果を社会に戻したいということです。そうした考えから、この本も生まれています。

『談話資料　日常生活のことば』はわたしたち、現代日本語研究会のメンバー13人によるものですが、この前に、当研究会では『女性のことば　職場編』（ひつじ書房1997年）、『男性のことば　職場編』（ひつじ書房2002年）を刊行しています。2011年にはこの2冊を1冊にまとめた『合本　女性のことば・男性のことば（職場編）』も刊行しました。

この研究会は、1977年に出発しました。当時女性の研究者は今に比べたら非常に少ない人数しかいませんでした。大学院も少なく、大学院に進む人も、大学院を終えて専門職や大学で教職に就く人もごくわずかでした。大学や研究所に属している人でなければ研究する機会はほとんどありませんでした。

また、当時、日本語の研究対象の主流は、歴史的に残された文字文献によるもので、たとえば、古典作品中の和語と漢語の含有率の研究とか、中世から近世にかけての文法の変遷とか、江戸時代の人情本の語彙の研究などといったものので、現代日本語を研究対象とする人は少数派でした。「現代語なんて日本人なら誰でもしゃべってるんだから学問の対象にはならない」と、ある江戸文学の教授に言われました。

そういう中で、現代の日本語を研究しようとしても、周囲には研究会もないし、指導者もいませんでした。それでも今のことばの実情が知りたくて、わたしは修士論文で現代語の可能表現を取り上げました。今でいう「ら抜きことば」です。新聞や雑誌など現代語の資料に基づいて、何とか書き上げて、大学の研究会で発表しました。そのとき、聴講していた高校の国語教師のMさんが、「そういう現代のことばの研究をしたいのですが、適当な研究会があったら紹介してください」と発言しました。わたしは答えられませんでした。実際、周囲にそういう研究会の存在は知りませんでしたし、あるかどうかも知らなかったからです。すると、その時大学院の指導教官であった市川孝教授が、「そういうものはないと思うけど、ほしかったら自分たちで作ればいいんですよ」とあっさり言われました。今だったら、さまざまな会や団体や会社が気軽に作られていますが、当時、そういう発想はありませんでした。NPOもないし、ベンチャー企業などもない時代でした。まさに目からうろこでした。そのことばに押されて作ったのがこの研究会です。大学の専任教員などの職のない非常勤講師、高校教師、ジャーナリストなど同じ志の人を互いにさそいあって、女性7人で研究会を始めました。研究室もないので、あちらこちらの場所を転々としながら、月に1度ぐらいずつ集まっていました。

そのうち、ただ、自分たちが研究して発表して討論しているだけでは発展性がない、研究誌を作ろうではないかという案が持ち上がりました。その結果1980年12月に研究誌『ことば』が誕生しました。研究会を作ることを勧めてくださった市川先生は、創刊号に次のように書いてくださいました。

――国語研究において、文献的言言語を対象としたオーソドックスな研究ももちろん重要であるが、それと同時に、身の回りの言語事実を凝視して、そこに見いだされる課題を研究するという生き方も捨てがたい。……既成の文体論や表現論などにあまりとらわれずに、自由に発想し、大胆に構想すればよい。現代日本語研究会の方々に斬新で意欲的な研究の続行を期待したい。

（「『ことば』の創刊号に寄せて」『ことば』1号　1980年　1頁）

こうした期待と激励を背に生まれた『ことば』も2017年で38号になりました。初めは「女性による研究誌」と誌名の上に冠していましたが、15号からはただ「研究誌」だけの冠になりました。男性の研究者も参加するようになったからです。

研究会として最初に出版したのは『国語辞典にみる女性差別』（三一書房1985年）です。6人の共同研究として、5冊の国語辞典を丸ごと読んでみました。すると、語釈の書き方、用例の文章、語の選び方などいろいろなところに女性差別があることがわかって驚きました。辞書はもっと公平なものだと考えていたからです。

国語辞典を研究対象とすることがあまり考えられていない時代でしたので、世間からも注目されました。その後、先に述べたような自然談話の共同研究を続けて今に至っています。

小さい研究会ですが、細々と続けているうちにいつの間にか、40年も経ってしまったというのが偽らない実感です。今後も社会の中のことばを追い求め、成果を社会に還元する研究会として生きのびられるよう願っています。

さて、この本の内容に移ります。初めはことば編です。

第1章「江戸時代から生きてきた「やばい」の今」では、現在盛んに使われている「やばい」の江戸時代からの歴史と、現在の否定的用法と肯定的用法のふたつの用法の実態について、考えています。肯定用法で使う人も若い人を中心に増えていますが、使う人の世代差が大きいことばですので、使う場面や相手に気をつける必要がありそうです。

第2章は「強調表現　メッチャからスンゴイまで」では、若者の強調表現をいくつか比べています。談話資料では「チョー」が若者だけでなく70代まで広がっていて、もう若者語ではなくなっている様相がみられます。そして、同じ強調語と言っても、その強さとしては、1.めっちゃ 2.すごい 3.チョーの順だろうと述べています。

第3章「「すごいきれい」はほんとうに「すごい」のですか？」では、本来「すごくきれい」と言ってきたものが、現在では「すごいきれい」の形が氾濫していることに着目して、その歴史や表現内容に違いがあるかどうか、使う場面に差があるかどうかを調べています。「すごい」が多く使われるようになった結果、感動詞的になり、ひいてはあまり「すごくない」ことばになりつつあると指摘しています。

第4章「「とか」の勢いはとまりません」では、本来の「とか」は「クッキーとかチョコとか」と、2つの物を並べて例を挙げるときに使う表現でしたが、最近は、「チョコとか好き」のような形で、初めから1つしか考えられていないと思われるような使い方をすることがあります。この使い方は「若者ことば」として新聞や辞書などで取り上げられてきた表現なのですが、談話資料ではどのような年齢層が使っているかについて調べています。その結果、本来の用法よりぼかし用法の方が多く使われていて、また、若者世代だけでなく、40代50代にも使われていることがわかりました。「とか」は、若者ことばでなくなりつつあると述べています。

第5章「「夫婦のことば」ちょっとのぞき見」は、談話資料に現れる12組の夫婦が2人だけで話すとき、どんな話し方をしているかをみています。丁寧体で話しているか、普通体で話しているか、「食う」というか「食べる」というか、文の終わりで男女それぞれに特有とされる終助詞を使うかどうか、相手に何かをさせたいときにどんな言い方をするかなどです。その結果、それぞれの夫婦がそれぞれに工夫したことばの選び方をしていることがわかりました。

第6章「超高齢社会のことば」は、現在の超高齢化した日本社会のことばとして、高齢者に特有なことばがあるのかどうかを、考えています。加齢による生理的変化から生まれる発話のスピードや、音色には差があることはわかっています。しかし、談話資料で70代以上の話者のことばを調べた結果、使用する語彙、指示語の「あれ」、発話のときの音韻変化、外来語の使用などでは、60代以下の年代と変わりがないことがわかりました。そのため、「高齢者は◯◯のことばを使う」などと、年齢や年代でその使うことばを言い表すことはできないと述べています。

第7章「消えた?! 日常会話の性差・世代差」では、日本語の性差について、日常の会話に大きな差がみられるのかどうか、また世代による差はあるのだろうかという疑問を、談話資料を細かくみながら解いていきます。また、アニメなどでキャラクターの特徴をあらわすために使われる「役割語」について、談話資料にはあまり例がないことを報告し、現実の会話が「役割語」の世界とは一致しないことを指摘しています。

以下はコミュニケーション編です。

第8章「「この本、おもしろいっていうか」という心理」では、「おもしろい」といえばすむものを若者たちが「おもしろいっていうか」と「っていうか」をつけることについて、自分のことばをはっきり言い切らないで柔らかく伝える非断定表現・婉曲表現、いわゆるあいまい表現としてとらえています。若者たちが、摩擦を避けるために使うあいまい表現は、高齢者には受け入れられにくく、世代差の大きい用法だと述べています。また、発話の冒頭にくる「てか」も、高齢者には受け入れられにくいことばのようですが、若者には意見や軽い異論・反論を述べたりするための表現として使われるようになってきていると述べています。

第9章「「クレームつけるぞ」を「クレームつけるぞ、みたいな」という心理」では、「～みたいな」を第8章の「～っていうか」と同じように、断定を避け、言い方を和らげる非断定表現・婉曲表現、いわゆるあいまい表現ととらえ、若者に好まれる言い方とみています。高齢者はこうした用法を自分の発言に責任を持たない無責任な言い方として否定的にみているようですが、両者の溝は簡単には埋まらないもののようです。

第10章「コミュニケーションの極意1——ほめと、ほめへの応え方」では、ほめられたとき、どう応えるかについて書かれた日本語学習者向けの教科書を紹介し、それと比較しながら実際の会話ではどのように行われているかを分析しています。日本の文化では、一般にはほめられたら謙遜して否定するとされているのに対して、談話資料の実例からは、関係によって、謙遜どころか一緒にほめたり、情報を追加したり、冗談を言うなど、いくつかの反応のしかたがあることを紹介しています。

第11章「コミュニケーションの極意2――頼みたいけど頼めないあなたへ」は、ものごとを効果的に頼む方法を、受け手と話し手の心理的負担の大小とからめて考察しています。同じ相手であっても、状況によっては多様な頼み方があるので、頼む側としては、各表現が伝える配慮の有無を知っておくことが、いい結果を生む近道のようです。

第12章「コミュニケーションの極意3――会話に笑いを」では、談話資料にみられる「笑い」に注目しました。データを分析した結果、「箸が転んでもおかしい年ごろ」の人は、ことわざ辞典にあるような若い女性ではないことがわかりました。また、会話の中の笑いが「お笑い」の影響を受けていることや、もともと、「みたいな」は若者ことばではなかったこと、ぼかし用法以外の効果があることについて、笑いとの関係から分析しています。

以上、12の章で12のトピックスについて、談話資料を駆使しながらあれこれ考えてみました。日常の話しことばの中には、なんとなく、最近よく耳にするようになったとか、なんとなく、その使い方は違うんじゃないかとか、なんとなく耳に違和感がある、などと気になることばや表現がたくさんあります。少なくとも、この12のトピックスに関しては、「なんとなく」ではなく、歴史があり、理由があってそうなってきているということがおわかりいただけたでしょうか。

この本を手にとってくださったあなたも、ことばの「なんとなく」を解き明かす探検を始めてみませんか。気になっていながらやり過ごしてしまっている小さな疑問や違和感と、ちょっと向き合ってみませんか。インターネットやテレビの情報で、つい、わかったつもりでいても、自分で調べてみると新しい意外な事実が次々に出てくるものです。材料はどこにでも転がっています。時には、辞書や、信頼できる調査資料に挑戦してみてください。ことばの探求の楽しさを知ったら病みつきになること請け合いです。

この本が新しい旅への後押しになることを願っています。

もくじ

コミュニケーション編

凡例

この本の中では、次のような記号を使っています。

1　↗　文の終わりを上げて言う言い方。
2　＝　発話と発話の間に間がないこと。ラッチング。
3　／／　後の話者が、話している話者をさえぎってする発話。割り込み。
4　★　前の話者の発話の途中で、後の話者の発話が始まり、発話が重なっている印。
5　｛　｝の中のことばはあいづち。例：これまで｛うん｝体験したことのない｛うん｝ような
6　〈沈黙〉　発話の途中の短いポーズ。
7　〈笑い〉　発話者が笑ったことを示す。
8　○●　アクセントの記号で、○は低く、●は高く発音する。

本書で使用している『談話資料 日常生活のことば』などの発話については次のように書き表しています。


(40F101:102)＝40代女性１０１の１０２番の発話。

(SM102:28–32)＝学生男性１０２の28–32番の発話。

(30代男性 40M203:168)＝40代男性協力者２０３の談話中の30代男性の１６８番の発話。

(30代女性 12:2039)＝協力者12の発話で、全資料中２０３９番目の30代女性の発話。

ことば編

第一章

江戸時代から生きてきた「やばい」の今

1 「やばい」を取り違えると

「お客さま、そのシャツやばいですよ」と言われて、あわててそのブティックを飛び出した、という50代の女性の投書を読んだことがあります。店員は、せっかくほめたのに、なぜお客が逃げてしまったのかと不思議だったでしょう。お客は、そのシャツが気に入って買おうかどうしようかと迷っていたときに、店員に「やばい」と言わたので恥ずかしくていられなくなったわけです。

最近こうした「やばい」の使い方に、今までの「授業に遅刻しそうでやばい」のような都合の悪いことやよくないことを言う否定的な使い方――「ヤバイの否定用法」と呼ぶことにします――と、「ここのラーメンやばい」で非常においしいことを言う肯定的な使い方――「ヤバイの肯定用法」と呼ぶことにします――と、正反対の使い方があることが問題になってきています。

2 「やばい」の意味変化

まず、「やばい」がどう変わってきているか国語辞典で調べてみます。

国語辞典の中でいちばん規模が大きく、古い例もたくさん載せている『日本国語大辞典』第2版（以下『日国2』と略します）からみていきます。

やばい　［形口］（「やば」の形容詞化）危険や不都合が予測されるさまである。危ない。もと、てきや・盗人などが官憲の追及がきびしくて身辺が危うい意に用いたものが一般化した語。＊日本隠語集（1892年）（後略）

なお、［形口］というのは形容詞の口語形活用のことで、口語形というのは、話しことばのことです。

「やば」が形容詞になったものとありますから、「やば」も見ておきます。

やば　［名］（形動）法に触れたり危険であったりして、具合の悪いこと。不都合なこと。あぶないこと。また、そのようなさま。やばいさま。（中略）＊滑稽本・東海道中膝栗毛（1802〜09年）六・上（後略）

ブティックの「やばい」が一気に、明治25年の「日本隠語集」や、江戸時代の弥次喜多道中までさかのぼって、戸惑われたかもしれません。「やばい」はそれほど古いことばなんです。

そして、このことばが、てきや（＝縁日などで、手品や刀さばきなどを見せた後、薬などを売りつけた人のことで、香具師《やし》ともいいます）や泥棒などが警察に見つかりそうになって都合の悪いこと、しかも、法に触れることですから、一般の人にはわからないように言うための「隠語」であった事情がわかります。

そんな物騒なことばを、いつのまにブティックの店員が使うようになったのでしょう。小型の国語辞典で、その初版から現在の版までの流れをたどってみます。

まず『新明解国語辞典』（以下『新明解』とします）をみます。初版から改定の結果をみていき、記述の変わった版のものを記していきます。

やばい　**初版**（1972年）

〔形〕〔俗〕〔悪事を働いた者にとって〕警察・につかまりそうで（の手が回っていて）危険だ。

3版（1981年）

〔形〕〔俗〕〔もと、犯罪者や非行少年などの社会での通語で〕㈠警察・につかまりそうで（の手が回っていて）危険だ。㈡不結果を招きそうで、まずい。

4版（1989年）

〔形〕〔口頭〕〔もと、犯罪者や非行少年などの社会での隠語〕以下3版と同じ。

7版（2012年）

〔形〕〔もと、香具師《シャ》や犯罪者仲間などの社会での隠語〕㊀違法なことをするなどして、警察の手が及ぶおそれのある状態だ。（例省略）㊁自分の身に好ましくない結果を招く様子だ。（例省略）〔㊀㊁とも口語的表現〕〔運用〕最近の若者の間では「こんなうまいものは初めて食った。やばいね」などと一種の感動詞のように使われる傾向がある。

初版は悪事を働いた人の側だけの意味でしたが、3版で「通語」という補足が加わりました。

また、意味も②に「不都合な結果になりそうで、まずい」が加わって、一般的に「まずい」ような場合にも言うと意味が広がりました。4版では、「俗語」が「口頭」に代わり、「通語」が「隠語」に代わりました。前者は、話しことばで使う語であるが「俗語」ではないという変化、後者は、「やばい」が仲間うちだけで通用する「通語」よりも秘密性の強い「隠語」だとする変化です。7版で最近の若者の言い方の「ヤバイの肯定用法」に触れています。

もう1冊『岩波国語辞典』（以下『岩国』とします）をみてみます。初版（1963年）から4版（1986年）までは、この語は採録されていません。5版に初めて登場します。

やばい　5版（1994年）

（形）〔俗〕危険や悪い結果が予測されるさま。あぶない。まずい。（例省略）

7版（2009年）

（形）〔俗〕危険や悪い事が起こりそうな形勢だ。あぶない。（例省略）▽品の無い言い方。ならず者の隠語から。近年は「すごい」（2）の意味でも使う。

7版新版（2011年）　同右

江戸時代にも使われていた語ですが、この辞書は1990年代まで載せてきませんでした。かつては日常の俗語はあまり載せないという方針の辞書もありました。この語が俗語だったから載せなかったのかもしれません。あるいは大して使われてもいないからという理由だったかもしれません。その辞書が7版では、5版6版にはなかった「品の無い言い方」「ならず者の隠語」などの補足を初めてつけるようになりました。同じ7版では、「ヤバイの肯定用法」についても触れています。用法が広がった時期になって改めてこの語の本来の意味を確認する必要を感じたのでしょうか。

つい最近、『広辞苑』が改訂になり、第7版が刊行されました。発売日の新聞広告の「新しい広辞苑は、やばい。」という大きな文字にはドキモを抜かれました。「やばい」のそれぞれの文字はタテ・ヨコ8センチありました。第6版までは、

やばい (形) 不都合である。危険である。「―・い事になる」↓やば2

となっていたのですが、第7版は、

やばい (形) ①不都合である。危険である。「―・い事になる」②のめり込みそうである。「この曲はくせになって―・い」↓やば2

となりました。大きな文字で、新しい広辞苑が「やばい」のだと自ら宣言して、「やばい」の肯定用法を押し出してきたと言えます。

今までみてきた辞書の記述の変化にそって「やばい」の意味の変化をまとめてみます。もと

もとは、法に反した行為をした人が、それがばれる危険を感じたときに使うことばでした。だから、普通の人には知られたくない隠語として使いました。一般の人の使用語彙ではなかったわけです。悪事がばれる危険の意味が、そのうち、悪事でなくても、都合の悪いことが起こりそうな危険へと意味が広がりました。「みつかるとやばい」というような「あぶない」「まずい」の使い方です。隠語とか悪事とかの意味は薄れ、その意味で使う人も減り、だれでも使うようになります。ただし、語源を意識している人には、使いにくいことばであったでしょう。

3 肯定的な「やばい」の誕生

「あぶない」の意味で使われるのが一般化すると、「あぶない」自身の使われ方も広がります。「あぶない」には「あぶない崖」のような身に迫る危険だけではなく、「将来があぶない」「予算がオーバーしそうであぶない」などの意味もあります。それがさらに進んでいくと「非常によくて、それにのめりこみそうであぶない」という「あぶない」にもなります。ここから、たとえば「この酒はやばい」という表現の二面性が生まれます。つまり、「この酒を飲むとつぶれてしまうのであぶない⇒やばい」という否定的「やばい」と、「この酒は、飲み始めるとやめられなくなるほどうまいのがあぶない⇒やばい」の肯定的「やばい」です。そして この「あぶない」が落ちて、「この酒は…うまくてやばい」になるのです。こうして「やばい」が正反対のことを表現するという事態が起きているわけです。

２０１５年１月に行われた文化庁の「国語に関する世論調査」でも、「やばい」を肯定的な意味で使うことについて調査しています。３千人を対象とする面接調査です。

「「とてもすばらしい（良い、おいしい、かっこいい等も含む）」という意味で「やばい」」という言い方をすることがありますか。

図1　「ヤバイの肯定用法」を使う割合

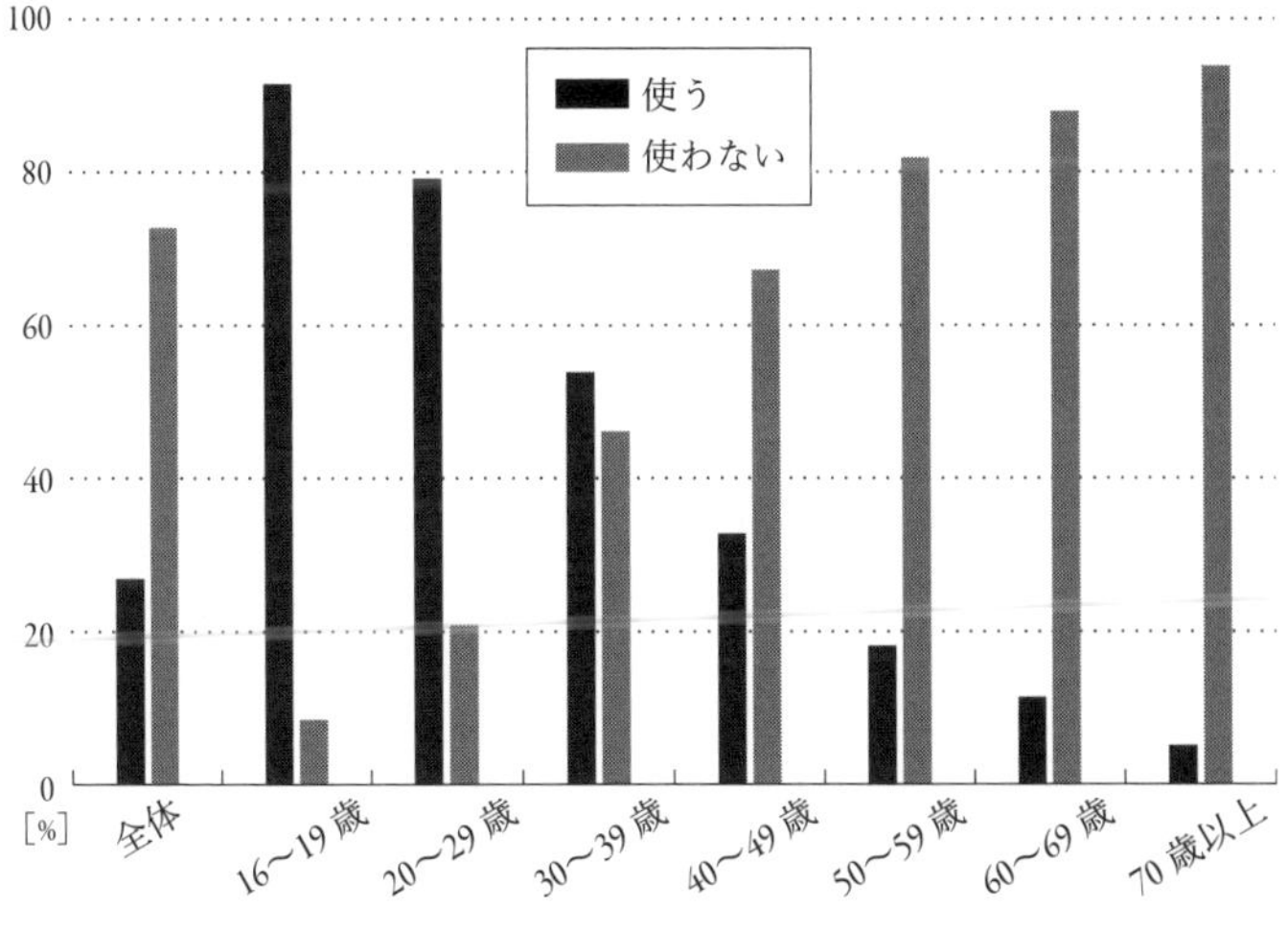

それともありませんか。」

と尋ねています。調査に答えた人全体では、そういうことが「よくある」と「時々ある」、つまり「肯定用法」で使うことがあると答えた人が26・9％、「ほとんどない」と「ない」つまり、「肯定用法」では使わないと答えた人が72・7％でした。

その回答者を年代別に分けて図にしてみました（図1）。

年代差がとても大きいことがわかります。30歳以下では半数以上が「ヤバイの肯定用法」を使いますが、40歳代で3割、50歳で2割、60歳では1割と、年を重ねるにつれて、この用法を使う人は減っています。言い換えると、30代以下の人は「ヤバイの否定用法」も「ヤバイの肯定用法」も使うが、高齢になると、「ヤバイの肯定用法」はほとんど使わないということになります。こうした高齢の人の「肯定用法」の不使用の結果をみると、そもそも、高齢の人は「やばい」そのものを使わないのではないかという疑問が残りますが。

4　実際に使われている「やばい」

さて、ここからは、「はじめに」で述べました『談話資料　日常生活のことば』の中の談話の文字化資料—以下『談話資料』とします—にもとづいて実際に使われている「やばい」をみていきます。アは20代の男子大学生AとBが就職について話しています。

ア　①Ａ：俺は公務員になるよ。
②Ｂ：あ、目指すの？　けっこうーやばいぞ、公務員＝。
③Ａ：＝でも、保障はやばいしー。
④Ｂ：まあね。
⑤Ａ：なにより、年金がやばい。

(SM201:1-4)

②の「やばい」では、Ｂが公務員がいいと思っているのか、あまりよくないと思っているのかこれだけではわかりません。「けっこうやばいぞ」と言っているのがくせものです。「けっ

こう」も、肯定的な意味のことばですが、その程度がよくわからないあいまいなことばです。Bの真意はこのことばだけではっきりしませんが、②でBが公務員はどうだと言う前に、Aが、割り込んできて、「でも」という逆接の接続詞を使って③を話し始めていることから、AがBの「やばいぞ」を否定的ととったらしいことがわかります。

Bが否定的でもAは、それにひるみません。「保障が大きくてとてもいい」と力説します。そこで、Bも④で「まあね」と、Aがそれほどいいと思うならそれもいいだろうと、Aに同調した感動詞を使います。「まあね」と同調したことをあえて言うのですから、最初は同調していなかった、つまり否定的だったということもここで、わかります。微妙な「やばい」ですが、接続詞や感動詞を使い、割り込みをするなどいろいろな語やテクニックを使って、コミュニケーションは立派に成り立っています。

次に、40代女性の使っている「やばい」をみてみます。40代女性2人がレストランで昼食をとりながら話し合っています。卓上の調味料の容器を振っても中身が出てこなくて、店員に言って取り替えてもらいました。それを試した直後です。

イ　⑥　A：あ［驚いて］。

⑦　B：入れすぎ。↗
⑧　A：やばい、かなりやばい。こんなに出ると思わなかった。
（40F103:228–230）

前の容器ではふつうに振っても出なかったので、勢いよく振ったら、入れすぎです。これはまずいと思って言ったのが「やばい」です。2度も言っています。この「やばい」は本来の「まずい」という意味の「否定用法」です。ここでは、40代女性のことばであることに注目してみます。『岩国』には「品の無い言い方」と書かれていましたが、⑧はそんなに「品の無い言い方」でしょうか。特別上品ではないかもしれませんが、特に「品の無い言い方」とも思われません。本人も「品の無い言い方」とは思わないから、こうして使っているのでしょう。

そもそも、「やばい」はどういう人が使うのでしょうか。使う人の例数をまとめる前に、「やばい」「やべ」などの語形についてもみておきます。

ウ　やば。あたし、富士急、ちゃんと行ったことないんだよねえ。
（20代女性　20F201:127）
エ　それ、やべえな。
（20代男性　SM203:192）

オ　あ、やべ。忘れてたー、ゼミの日、断るの。
（20代男性　20M201:2）

ウは「やばい」がよく使われるうちに短縮されて「やば」となったもの、エは「やばい」の［ai］の発音が［e:］になって「やべえ」になったもの、オはエがまた短縮されて「やべ」になったものです。これらをふくめた「やばい」を使った人を年代と性別に分けたものが次の表です。

「やばいよ、これ、いつになったら終わるんだよ」というような

表1　年代別・性別にみた「やばい」を使う人

	やばい	やば	やべえ	やべ	計
20代女性	8	1	0	0	9
20代男性	7	0	1	3	11
30代女性	1	0	0	0	1
30代男性	3	0	0	0	3
40代女性	2	0	0	0	2
40代男性	1	0	0	0	1
計	22 女性11 男性11	1 女性1	1 男性1	3 男性3	27 女性12 男性15

否定的用法の人も、先にアの例でみた「なにより年金がやばい」のように肯定的に使う人もいます。

20代から40代までが使っています。その中でも30代40代に比べて20代が圧倒的に多いのです。音の変化した「やべえ」「やべ」は男性だけですが、「やばい」の合計では女性と男性の使用は全く同数です。

ウの20代女性が使った「やば」を前の頁では、「よく使われるうちに短縮されて「やば」となったもの」とさらりと書きましたが、それでいいのでしょうか。『日国2』の「やばい」のもとになったという「やば」と同じ語形ですよね？

「やば」→（＋「い」）→「やばい」→（「い」の省略）→「やば」

と、語形的には一回りしたことになります。「やば」は一日にしてならずです。

元に戻します。『談話資料』の中の「やばい」はどういう相手に対して使われているのでしょうか。

27例中、同じ年代の相手に向けて使われている例が22例、年代が異なる相手に使われているのは5例でした。「やばい」は気の知れた相手と気楽なおしゃべりのときに使われやすいということになるでしょう。

次は、27例の「やばい」が「否定用法」か「肯定用法」かです。カは20代の女性の大学生DとEの会話で、自分の卒論の研究成果が先行研究として引用されることがあればいいと話しあっています。

カ
⑨　D：自分が先行研究って＝
⑩　E：＝かっこいい＝
⑪　D：＝でも出るじゃん、２０１３「◯◯」って。
⑫　E：でるね。
⑬　D：やばーい。
⑭　E：やばい。

（SF201:109-114）

この⑬⑭の「やばい」は「かっこいい」ことで、「肯定用法」です。次は、この後の同じ2人の会話です。

キ　⑮　D：で、実質もう1か月。
⑯　E：だよねえ。しかも北京のもあるじゃーん＝
⑰　D：＝無理、無理、無理、どうしよう、どうしよう、どうしよう？
⑱　E：やばいねえ、やらなきゃ。

(SF201:128–133)

この⑱の「やばい」は「まずい」の意味で、「否定用法」です。同じ話者が「否定用法」でも「肯定用法」でも使っているのです。

27例ある「やばい」のうち、⑱のような「否定用法」は22例、⑬⑭のような「肯定用法」は4例、会話の初めに「やばい」がきて、どちらの用法かわからないものが1例でした。文化庁調査では若い世代では80％以上が「肯定用法」で使うと答えていましたが、実際の使用例では、それほど多くはなかったのです。文化庁の調査は現実に話しているかどうかを調べるのではなく、使う意識を聞いているので、実際の談話から得る結果とは違いがあるのでしょう。

若い世代では「やばい」そのものを軽い調子でどんどん使い、従来の「否定用法」も新しい「肯定用法」も使っています。一方では、この語自体に抵抗があってあまり使おうとしない人がいます。そういう人はもちろん「肯定用法」も使いません。使う人のグループと使わない人のグループとそれぞれのグループ内では、コミュニケーションに問題は起きないでしょう。違うグループが交わるときが問題です。それぞれの相手がこの語についてどう感じているかをわきまえておかないと、本章の冒頭のようなずれが起こります。

「やばい」という1語から多くのことを学び取ることができます。

（遠藤織枝）

第二章

強調表現　メッチャからスンゴイまで

1 「メッチャ」はこうしてできた

5歳の幼稚園児が「きょうはメッチャ寒い」「ママはメッチャこわいけど、ばーばはメッチャやさしい」と「メッチャ（「メッ**チャ**」の初めの「メッ」は低く、あとの「チャ」を高く発音しています。これを平板型のアクセントと言います。○○●とも記します。）」を乱発します。彼にとって程度が高いことを言うことばはなんでも「メッチャ」なのです。

山口仲美さんの『若者言葉に耳をすませば』（２００７年）という、若者たちの座談会や中高年の座談会を中心にして、若者ことばの歴史や使う意識などをまとめた本では、若者の使う強調語――「とても・ひどく・たいへん」などものごとを強調していうことばです――のトップに「メッチャ」が挙げられています。この「メッチャ」、もともと関西から始まって、今や全国区ですが、この語の成り立ちからみていきましょう。

「メッチャ」は「めちゃ」を強めたことばです。この語が、新語・流行語を毎年毎年追いかけている辞典『現代用語の基礎知識』に登録されるのは１９９６年版からです。意外に新しいです。関連の語を同書であさってみると、「めっちゃんこ」が、その14年も前の１９８２年版に出ています。（**太字**は同書のまま、見出しの意味）

めっちゃんこ　めちゃくちゃ。ものすごく。「めっちゃんこおもしろい」

この「めっちゃんこ」は、

めちゃ　↓　めちゃんこ　↓　**めっちゃんこ**

と変化してできたものです。「めちゃ」を強く言うと「めっちゃ」になるのも、「めちゃんこ」を強く言うと「めっちゃんこ」になるのも全く同じ原理です。さらに「めっちゃんこ」が短くなって「めっちゃ」となるのも短縮語のでき方のルールに沿っています。ですから、「めっちゃ」が生まれた経緯は容易に想像できます。

しかし、『大阪のことば地図』（２００９年）という、大阪府とその周辺のことばの実態を調べた本によりますと、大阪では「無茶苦茶」からできた「ムッチャ」が盛んに使われた時期があり、その「ムッチャ」が衰退して「メッチャ」になったということです。

無茶苦茶 ↓ ムッチャ ↓ メッチャ

という流れです。

めちゃ↓メッチャと、ムッチャ↓メッチャのふたつの流れのどちらが本流かを決めることは難しいですが、両方の流れが合流して「メッチャ」になったというのがおそらく妥当なところでしょう。

2　メッチャは1980年代から使われ始めた

この語の使われ始めとしては、守屋三千代さんが創価大学の学生を対象にして調べた1993年の論文が参考になります。そこではある学生が、「メッチャ」は「中学生のころ、あるいはそれ以前から聞いてきた言葉であり、今もごく普通に使う言葉」だと答えています。その学生がその当時20歳として、その「中学生のころ、あるいはそれ以前から」聞いてきたと言っていることからざっと計算して、その調査の10年前には聞いていたことになるでしょう。つまり1980年代にはよく聞いていたということになります。新語辞典より20年近く前から使われていたのです。

いくつかの大学では、学内でよく使われる新語や省略語を集めたキャンパスことば事典というのが作られています。次に、そのふたつの例をみてみます。

『専大生キャンパスことば事典』第2版（1991年）には、「メチャ」も「めっちゃ」も登録されていますが、出現時期が「メチャ」は1988年、「めっちゃ」は1990年となっています。（「メチャ」と「めっちゃ」の表記は原書のまま）。第4版（1997年）には「メッチャ」に、最初の音を高く発音する頭高のアクセント記号がつけられています。

『甲南大学キャンパスことば辞典　１９９２』ＨＰ版にも、「メッチャ」が登録され、次のように記されます。

メッチャ　［○○●］「大変～」という状態を表わす。＝チョー、バリ。（後略）

こうして、「メッチャ」が90年代初頭には関東の大学でも関西の大学でも使われていたことがわかるのですが、関西では平板型、関東では頭高型とアクセントの違いも、わかります。専門家アクセントと呼ばれる現象がここにもみられます。専門家アクセントとは、初め「**ビ**デオ」などと頭高で発音されていたのが、テレビ局などの専門の人たちが「ビ**デオ**」と平板アクセントで言うのにならって一般でも平板化することを言うのですが、「メッチャ」にも同じことが起こっています。関西で平板化が進み、関東でも平板化になってきて、冒頭の東京の幼稚園児は見事に平板型アクセントで「メッ**チャ**」を乱発していたのでした。

3 「メッチャ」と「チョー」と「すごい」の強調の程度

ここで、『談話資料』の「めっちゃ」を全部拾ってみます。

「メッチャ　暑いっす」(20代男性 20M101:6)「そう、メッチャ減った」(20代女性 SM103:186)のように、「とても、たいへん」の意味で、形容詞の「暑い」や動詞の「減る」を強調していま す。この語を使っている人を年代と性別で分けて表にします(表1)。なお、「メチャ」は3例で20代女性が使っていました。

1例だけ50代女性の例がありますが、あとはすべて20代以下です。しかも女性の使用が男性の約3倍になっています。資料の元のテープを聞き返してみましたが、全部平板の「メッチャ」です。

「メッチャ」は若者語の強調語の代表的な語ですが、『談話資料』の中の強調語には「チョー」も「すごい」もあり、「メッチャ」が特に抜きんでて多く使われているわけではありません。

最初に挙げた山口仲美さんの本では、埼玉大学の学生に、「あなたが現在使っている強調語は何ですか」と尋ねた結果として、多い順に1位「めっちゃ」(めちゃ・めちゃくちゃなども含む)、2位「まじ」、3位「すごい」(すげー・すごくなども含む)、4位「やばい」、5位「超(チョー)」が挙げられています。山口さんは、1980年代に隆盛を極めた「チョー」が「5位に転落」したのは、使われすぎて新鮮さがなくなり若者たちに飽きられた結果で、「あと少しで「チョー」という強調語は命を終えるかもしれません」と書いています。

しかし、「チョー」は、2004年のアテネオリンピックで北島康介選手が「チョー、気持ちいい」と叫んだのも有名ですし、山口さんの本から11年目の今、その予言は当たったでしょうか。さっそく『談話資料』をみてみます。「チョー」は衰退どころか盛んに使われています。使用例は全部で33例、「メッチャ」より多いのです。しかも、10代女性の

表1 「メッチャ」を使う人

50代女性	20代男性	20代女性	10代女性
1	6	16	2

表2 「チョー」を使う人

60代女性	50代女性	40代男性	30代男性	30代女性	20代男性	20代女性	10代女性
1	1	2	3	4	5	13	4

「チョー怖かった」(20F103:118)から、60代女性の「チョー忙しい」(70M103:124)まで年代も広がっています。年代別の使用例数を表にしてみます(表2)。20代以下が3分の2を占めているとはいえ、40代以上にも各年代の使用者がいて、もう若者語とは言えなくなっています。80年代の若者が当時の若者ことばをそのまま中年になっても使い続けてきているということでしょう。命を終えるどころか、若者語という範疇を超えて、より広く使用者を獲得しながら、一般の強調語としての位置を占めるようになってきているのです。

強調語の「メッチャ」と「チョー」をみてきた以上、山口さんの調査の3位に出てくる「すごい」も『談話資料』でみておく必要があります。「すごい」は次章で詳しくみますが、ここでは3語の強調語の

表3 「すごい」を使う人

80代男性	80代女性	70代男性	70代女性	60代男性	60代女性	50代男性	50代女性
1	1	12	7	3	19	5	39

40代男性	40代女性	30代男性	30代女性	20代男性	20代女性	10代男性	10代女性
10	41	18	57	5	57	2	0

うちの1語としてみていきます。「すごい」は「なんかほら、すごい目おっきいじゃん」（20代女性 20F102:59）の「すごい」や、「すごく疲れたりとかして」（50代女性 20F202:157）の「すごく」、そのほかに「すげえ」「すご」など、いくつかの語形がありますが、ここではそれらを「すごい」にまとめて使用例を年齢別性別で出してみます（表3）。

さすがは古く源氏物語から使われている歴史の長いことばです。もともとは「ぞっとするほど恐ろしい」（『広辞苑』第7版）の意味で使われ、それが「ぞっとするほど程度が高い」として強調語として使われるようになったことばです。その歴史の古さが、使う人の幅広さにつながっています。

この3語の意味はそれぞれ「めっちゃ＝ひじょうに」「チョー＝ひじょうに。とびきり」「すごい＝力や程度がはなはだしい」のように辞書には記されますが、程度が高いことを強調する語としてはどれも同じように使われます。

① そう、メッチャ怖い。（20代女性 SM103:267）

② チョー怖いよ。（20代男性 20M201:144）

③ すーごい怖い、本当に。（40代女性 40F201:47）

の例でもわかるように、どの語も「怖い」を強調しています。怖さを強調する意味としては共通しています。

しかし、使われ方では、全く同じように使われるわけではありません。

次のような例をみてください。

④え、じゃあ、フルーツ、メッチャ食べた？（20代女性 20F103:33）
⑤メッチャ高いすよ、あれ。（20代男性 20M101:27）
⑥チョー盛り上がってた。（40代男性 70F103:266）
⑦チョーパワフル。（30代女性 30F203:58）
⑧すごい、なんか、やだった（嫌だった）。（20代女性 SF102:135）
⑨わりと突っ張ってるから痛いんですって、すごく。（70代男性 70M103:31）

「メッチャ」と「チョー」は、④⑤「メッチャ食べた／高い」、⑥⑦「チョー盛り上がってた／パワフル」と、強調する動詞や形容詞の直前に来ています。一方「すごい」は、もちろん「すごい難しいなと思う」のように「難しい」の直前に来るのも多いのですが、中には例の⑧

のように「すごい」と強調される「やだった」の間にほかの語が入るのがあります。⑨は倒置法で、修飾される「痛い」が先に来て「すごく」があとに来ています。この⑧や⑨のような使い方は「メッチャ」「チョー」にはなく、「すごい」だけです。

「メッチャ」「チョー」は強調する語の直前に来ているため、切迫感があります。「すごい」の方は、間にほかの語が入ったり、倒置したりして、それほど切迫していない状況にも使えます。こうみてくると、どれも強調語とはいえ、「すごい」の強調の度合いは「メッチャ」「チョー」より低い場合があると言えます。

「メッチャ」と「チョー」の2語の間では、強調される語も使い方でも違いはないのですが、この2語のもつそれぞれの音を比べると、「メッチャ」には強めの促音「ッ」が含まれているので強く聞こえます。一方、「チョー」には長音「ー」があることで時間的な長さが感じられます。音の面からは、「メッチャ」がより強く聞こえるとは言えるでしょう。

この3語、「チョー」と「メッチャ」は、それぞれ古いことばの語形を変えて若者たちが使い始め、「すごい」はもともとの古いことばを若者も盛んに使っているものです。長い歴史を背負って、今後も使われ続けていくことでしょう。

（遠藤織枝）

第三章

「すごいきれい」はほんとうに「すごい」のですか？

程度を強調する若者語については、前章で「メッチャ」「チョー」と一緒に「すごい」も取り上げています。そこでは、強調の程度としては、「すごい」は「メッチャ」「チョー」よりは弱いのではないかと述べています。この章では、「すごい」そのものの新しい用法とその周辺をみていきたいと思います。

少し前になりますが、ＮＨＫの夜９時のニュースで、男性のニュースキャスターが言っていました。東京の気温が高かったという女性キャスターの発言を受けて、「ワシントンはすーごい冷え込んでたのでね、この落差に驚いています」（２０１６年3月3日）と。近年よく耳にする「すごいきれい」のような言い方は、若い人に限らず、50代のニュースキャスターもしているのです。このような「すごい」の使い方はいつごろから出てきたのでしょうか。

1 「すごいきれい」はいつごろから?

平安時代から使われてきた「すごし」ですが、『日本国語大辞典』（第2版）によると、「すごい」の本来の意味は「心に強烈な戦慄や衝撃を感じさせるような、物事のさまをいう」とのことで、その後、意味の変化が生じて、現在では次の『日本俗語大辞典』のように、②の意味でも使われるようになっています。

① 物事の程度がはなはだしいさま。すばらしい。またはひどい。良いことにも悪いことにも使う。

② (「すごい」の形で連用修飾して、副詞的に使用）非常に。若者語。どちらかという

と男性より女性が好むことば。

1985年、永瀬治郎さんは、雑誌『言語生活』3月号で、「すごいきれい」のような言い方を首都圏の《新方言》として、この副詞的な用法について、「「スゴイ早い」など東京を中心に首都圏の若い人々の間で使われている新方言のような、新俗語のようなもの」と述べています。

以下で「すごいきれい」のような表現を言うとき、この永瀬さんのことばを借りて「新方言用法」と呼ぶことにします。

また、「すごい」が本来の「心に戦慄や衝撃を感じるような」という意味から変化したことについて、金田一秀穂さんは、『金田一秀穂の日本語用例採取帳』(2013年)の中で、「「ひどく」「すごく」という良い意味で使い始めたのが団塊の世代で、「すごく幸せ」などを使い始めた」と言っています。

「すごい」は、程度がはなはだしいことを誇張して言うときに使われることから、他の語にかかる副詞のように無活用のまま使われる用法が生まれました。こうした形容詞や動詞の前に修飾語として使う「すごい」を程度副詞と呼ぶことにします。

増井典夫さんは、「形容詞終止連体形の副詞的用法――「えらい」「おそろしい」を中心に」（1987年）の中で、「「すごく」の代わりに「すごい」を用いるのは最近ではあっても、それによく似た例は近世や近代にも見られるものであった」と述べて、昭和初めの例として谷崎潤一郎の『卍』（昭和3～5年）の、「えらい遅かった」「えらい淋しい」を挙げています。

中尾比早子さんの「程度副詞「すごい」の使用実態」の調査によると、ここで言う「新方言用法」の「すごいいい点」「すごいよくできた」「すごいかわいい」「すごい怒る」「すごいきれい」などがすでに1970年代にあったとされています。40年前から使用されていたのです。また、1978年の『週刊朝日』新年号の『ああ宝塚 舞台と恋と人生と』の中の女性たちの会話では、「すごいきれい」と「すごくうれしい」のどちらの用法もみられて、70年代からすでにこのような使い方にゆれがあったことがわかります。この会談に参加した女性の一人である汀夏子さんは、「女の人が男の格好して、すごいきれいでしょう。」（傍線は筆者、以下同じ）と「すごいきれい」を使っていて、また、「聞いていただけるからすごくうれしい」や、「女をやるんだ、という感じがすごくする」と、「すごく」も使っています。

2 『談話資料』の中の「すごい」

「すごいきれい」と「すごくきれい」

『談話資料』の中に、次の①②のように、同じ話者の同じ発話中に「すごい」と「すごく」の両方が使われている例があります。①②は、30代女性がその母親に向かって話しています。

① あのねえ、やっぱすごくある意味田舎だからー、あの都市、大都市じゃないからー、ほんとにね、ヤードっていう、あのガーデンっていうのすごいちっちゃい庭なんだけど、ちっちゃいっていうか、 (60F201:69)

② うーん、で、その行き方もすっごい懇切丁寧にさ、紙に書きながら教えてくれて、すごくいい人だったんだけど。 (60F202:91)

次の60代の女性も、夫との会話で「すごい」と「すごく」のどちらも使っています。しかも③④では「すごい離れてる」「すごく離れている」と、同じ語「離れる」を「すごい」「すごく」で修飾しています。この「すごい」「すごく」に用法の差はみられません。

③ すごい離れてるからー、　(60F203:20)

④ すごく離れてるからいいとこなんだって。　(60F203:137)

つまり、本来は「すごく離れてる」と連用形で修飾していた使い方が、「新方言用法」でも使われるようになり、それが今ではどちらも全く同じように使われているのです。

「すごい＋動詞」の使われ方

新方言用法では、形容詞や形容動詞を修飾する「すごいきれい」とは言っても、動詞の前に使う「すごい言う」はかなり違和感を持つ人がいるのではないでしょうか。「すごい」が動詞にかかる場合の例をみてみましょう。

⑤ アルバムを、よく見た。先週、すごい見た。　(30代女性 30F203:267)

⑥ あれで、ダ、ダウンロードしてー、何かお母さんがすごい見ててー、で、結構おもしろ。　(30代女性 30M102:22)

⑦ ○○さんが、すごい言った、のは覚えてるんです。　(30代女性 40M102:83-2)

⑤は、「すごい見た」よりも「すごく見た／すごいよく見た」のほうが受け入れやすいでしょう。「すごい」は、「すごいかわいい」のように形容詞を修飾するときは「非常にかわいい」と置き換えられますが、「すごい見た」を「非常に見た」とは言えません。むしろ、「たくさん／よく見た」に置き換えられます。したがって、程度副詞的な「すごい」に後続できる動詞として、「食べる」のような数量や程度の幅をもつ動詞なら「すごい食べた」と言ってもそれほど不自然ではないのかもしれません。「見る」「言う」は動作性の動詞で、動作量の幅をもつとは考えにくいので違和感があるのでしょう。

今回の資料を調べたところでは、「すごい感動した」のような「感動する」「喜ぶ」「落ち込む」「盛り上がる」のような感情を表す動詞、「すごい混んでいた」のような「混む」「並ぶ」「離れる」「増える」のような数量や程度の幅をもつ動詞、そして「すごい見た」「すごい言った」のような「見る」「言う」といった動詞がみられました。特に感情の強度を表すには、「すごい喜ぶ」のような言い方がされやすいと考えられます。そして、冒頭のニュースキャスターの発言の「すごい冷え込んでいた」は、程度の幅をもつ状態動詞「冷え込む」を「すごい」が修飾する新方言用法でした。

「すごい」とその他のバリエーションの使われ方

ここでは、「すごいきれい」と「すごくきれい」のような言い方を使う人についてみていきます。『談話資料』のデータの中からこの用法の例を全部拾い出して、それを年齢別・性別で次の表にまとめました。

まず性別でみます。「すごい」が使われる193例のうち、女性が77・7%を占め、男性は22・3%でした。圧倒的に女性の使用が多いことがわかります。年代別では、20代と30代に特に多く使われていました。

「すごく」の用例を性別でみると、全用例の78例のうち、女性が80・8%で男性が19・2%という結果で、「すごい」の使用傾向とよく似ています。「すごく」あるいは「すご

図1　「すごい」「すごく」の性別・年代別用例数

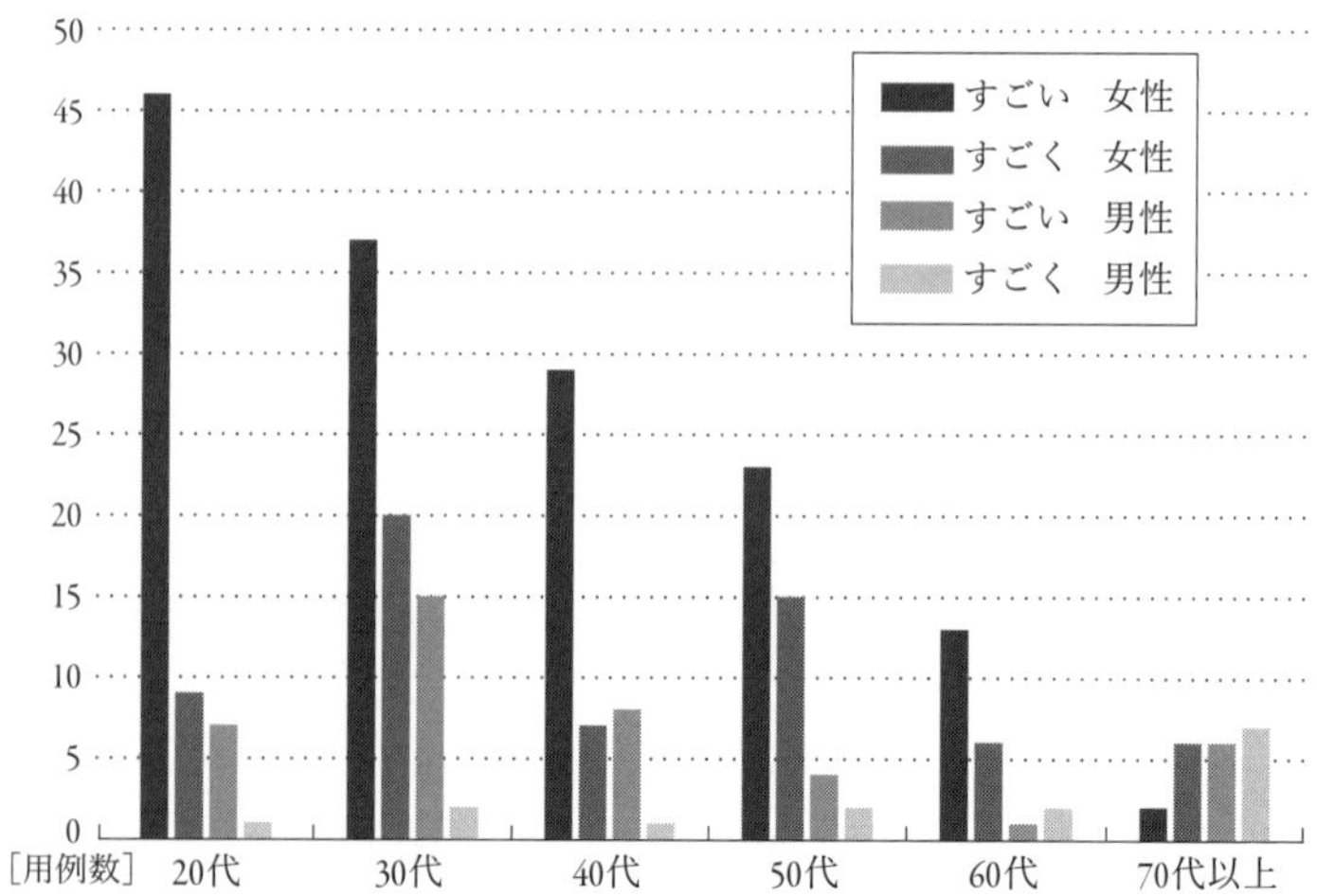

い」を使って、日常会話で程度を強調する表現のしかたは、女性のほうが多く使っていると言えます。

日常会話の中には、「すごい」のバリエーションとして、「すごい」をさらに強調する形の「すーごい、すごーい、すんごい、すんっごい、すっごい、ものすごい」がみられ、また、母音がひとつになる母音融合形の「すげえ、すーげえ、すっげえ、すんげえ」がみられました。「すごい」の母音融合形の使用は男性の発話にだけみられ、「すごい」の強調形の使用は女性に多くみられる傾向があります。

若者の語彙使用の貧弱が叫ばれて久しいのですが、何かを取り立てて言いたいときは、とにかくなんでも「すごい、すごい」と連発する傾向が確かにあります。2016年世界卓球選手権決勝戦の試合後の選手インタビューでも「すごく」が連発されていました。日本女子代表チーム3人のインタビューです。石川佳純選手の合計30秒間のインタビュー発言のうち、「すごく」は6回でほぼ全発話に使われていました。

「すごく悔しいです。」「いいプレイはすごくできたので、いいところもすごくあったんですけど。」「勝つチャンスはすごく大きかったので、すごく悔しいです。」「リオに向けて、すごくいい宿題をもらったので。」

（２０１６年３月６日ＮＨＫニュースインタビュー）

「すごい」は「すごく」なくなる？

「すごい」の例をじっくりみていると、若者の会話の中に、前の章でも少し述べたことですが、次の⑧〜⑪のように、「すごい」を修飾される語の直前に使うのではなく、間にいろいろなことばを挟んで使う用法が目につきます。

⑧ 何かママ友とかでもー、そのー、あたしーの年齢よりも全然若い子なんだけどー、❶すごいー、なんか出会ってー、や、自分もがんばんなきゃいけないと思ったらしくー、もう、❷すごい今なんかね、別に誰も望んでるわけじゃないのに、❸何かすごいいっぱい努力をしてて、

（40代女性　40F201:140）

⑨ ポップだけど、❹すごい、なんだ、ちょっと落ち着いて、る感じはするけど。

（20代女性　SF103:307）

⑩ 初めてそういう、❺すごい、あ、なんか意外と別に好きな人は好き、っていうか、

（20代女性　20F102:111-1）

⑪　❻すごい、もう、だんだん、ちょっと年になってきましたよ。

（30代男性　30M303:202）

まず、⑧についてみてみます。❶の「すごいー、なんか出会ってー、」ですが、程度副詞だとしたら、何を修飾しているのでしょうか。「すごい　出会って」ではおかしいし、かなり離れた「がんばんなきゃいけない」でしょうか。そうだとすると、「若い子」が「がんばんなきゃいけないと思った」のですから、それも無理でしょう。「すごい」のかかり先が空中分解してしまっています。❷の「すごい今なんかね、」は、何がすごいのでしょうか。これもよくわかりません。❸の「何かすごいいっぱい努力をしてて、」は本来の使い方で、「すごい」は「いっぱい」と「努力して」とどちらにもかかりそうで、これは程度副詞と言えます。

⑨⑩⑪の「すごい」には共通する特徴があります。どちらも後続の動詞の前にさらに別の副詞があります。そして、動詞はその直前の修飾語と緊密な意味関係があって、離れている「すごい」は、その動詞の程度の強調として使われているとは考えにくいのです。❹は「すごい、ちょっと落ち着いて」というのですから、「すごく落ち着いて」なのか、「ちょっと落ち着いて」なのかわからなくなっています。❺は「すごい、意外と別に好き」で、ますます何が

「すごい」のかわからなくなっています。❻も「すごい、だんだん、ちょっと」と副詞が重なって、何が「すごい」のか全くわかりません。

このような言い方は日常会話でよく耳にするもので、こういった用法は感動詞に似ています。具体的な内容を発話する前に、なにかの感情を表すものとしてまず「すごい」と言っておく、そのような用法と思われます。程度が高いことはもう二の次になっているのです。これらの「すごい」は程度が高いことを示すためや強調をするためという本来の役割は薄れてしまっています。「すごい」が「すごく」なくなってしまって、ただ、そこにフィラー（「まあ」「あのー」などのように、次のことばをいう前の空白を埋めるために言うことばのことです。）のように「すごい」を置いておく、また感動詞のように何らかの気分だけ表明しておくという使われ方になっていると言えます。そうなると「すごい」と言っても「すごさ」はどこかにいってしまうのではないでしょうか。

3 「すごい」と「すごく」の将来

「すごいきれい」式の新方言用法は本当に日常によく耳にすることばとなっています。「すごい」が肯定的に使われるようになってから、修飾語としては連用形の「すごく」であったものが「すごい」としても使われるようになりました。人によって「すごいきれい」も「すごくきれい」も特に区別の意識もせず併用しています。一方で、「すごいきれい」はまだ公的な場面では使われにくい表現です。

もうひとつの特徴として、「新方言用法」では「すごいきれい」「すごいおいしい」「すごいこわい」のように、形容詞が続く言い方がもっとも多くみられました。これは、「〜い、〜い」と連続して使うことで生まれるリズムによると思われます。リズムよく連続して使うと調子がよく言いやすくなります。この言いやすさも多用される一因と思われます。

日常会話ではすでに幅広い世代に受け入れられている「新方言用法」の「すごいきれい」は、近い将来「すごくきれい」にとって代わられる日がくるのかもしれません。しかし、現在ではテレビで「すごいきれい」と発言していても、テロップは「すごく」と文字で出てきます。雑談などの日常会話では「すごい」が多用され、公の場や改まった場面、そして文章語としてはまだ「すごく」が使われ続けるという二重基準の時期が続きそうです。くだけた会話などで新方言用法が多用されて、「すごい、なんか」といった感動詞的またはフィラー的な用法が目立ってきました。「すごい、なんか」式の用法が増えると、今度は「すごい」が「すごく」なくなるかもしれないという新たな変化も予測されます。

程度を強調する表現は日本語にはほかにもたくさんあります。今回の『談話資料』の中には、たとえば「大変、非常に、本当に、なかなか、とても、かなり、だいぶ、ずいぶん」など多くのことばがみられました。なんでも「すごい」と1語ですませようとするのではなく、微妙にニュアンスをにじませながら、いろいろなことばを使ってみるのも楽しいことではないでしょうか。

（孫 琦）

第四章

「とか」の勢いはとまりません

1 YouTubeとか、お父さんとか

ここでは、「とか」について考えてみます。みなさんは次のような言い方をしますか？　あるいは聞いたことがありますか？

① YouTubeとか全然見ない。（50代男性　30F103:168）

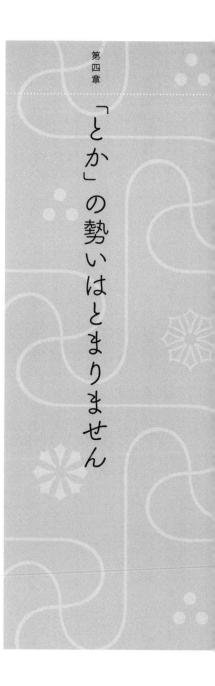

②　お父さんとかね、まだ焼き肉とか食べたいなと思うんだと思う。（40代女性　70M201:60）

この①②の「とか」は新しい使い方と言われています。「とか」は本来次の③④のように「～とか～とか」という形で、何かを例示し、並べるのに使われます。

③　あたしの早くは7時とか、8時とか。（50代女性　50F301:198）

④　何か言いなよ、半分とか、お代わりとか。（20代女性　20F203:6）

③は「あたし」にとっての「早く」は「7時」や「8時」などの時間、④は相手に何かを言うことを求め、「半分」や「お代わり」はその例として挙げられています。

この使い方以外に、「とか」は「言う」「思う」「聞く」などと一緒に使われ、この場合は人から聞いたことや考えている内容が不確かであることを表します。

⑤　夜のパーティーは、断って、あの、帰ってくるとか言ってたよ。（50代女性　50F202:205）

⑥　初め、何か、「そんな呼ばれる覚えもないけどな」とか思いながら。（30代男性　30M303:300）

⑤では、人の発言に対して「「とか」言ってた」と引用の形で使い、⑥では自分の感情に対して「「とか」思う」と使っています。

これらの使い方に対し、初めに挙げた①②をもう一度みてみると、例を挙げるのとも、誰かのことばの引用とも違う使われ方をしています。

① YouTubeとか全然見ない。（50代男性 30F103:168）
② お父さんとかね、まだ焼き肉とか食べたいなと思うんだと思う。（40代女性 70M201:60）

これらの文は「～とか～とか」という形ではなく、「YouTubeとか」「お父さんとか」「焼肉とか」というように「とか」が単独で使われています。また、これらの文が使われる前から「YouTube」や「お父さんの好物」について話しており、何かの例を示すような状況ではないにもかかわらず、「とか」が使われています。この新しい用法は「とか」を使うことで言い切ることを避けていることから、「あいまい用法」「ぼかし用法」と呼ばれています。そして、このような「とか」は若者が物事をぼかしたり、あいまいにしたりして言う言い方を非難するときに持ち出される、代表的なことばなのです。

2　「とか」は若者ことばの代表？

若い人の「とか」に注目が集まり始めたのはいつごろなのでしょうか。新聞記事を調べてみると、1987年11月の『朝日新聞』の朝刊に次の記事が掲載されていました。（傍線は筆者、以下同じ）。

ついてゆけぬヤングの言葉
「親なんかはやめろというわけ」「友達なんかも言ってくれたりなんかしたわけ」「自分でも調べたりとかして」「間に合わないとか思ったわけ」「先生なんかも少しは相談にのったりとかしてくれるけど」「やっぱ自分のせいとかされて」
電車の中での高校生の女の子2人の会話です。［…］今、こういう話し方がはやっているのでしょうか。気をつけてみると、町中で、電話で若い人の「なんか」「とか」「いうわ

け」という言葉をよく耳にします。［…］
（『朝日新聞』1987年11月18日朝刊　『声』欄）

このように「とか」に対する記事は、1987年ごろからみられるようになります。多くは、「とか」に対する批判的な意見ですが、「とか」を使う若者の心理状態に言及する記事もあります。

若者の「とか」多用

［…］若者の「とか」弁に、今年も悩まされた。「コピーとか必要ですか？」「会議とかやるんですか？」「みたいな」「というか」「だったりして」なども多い。いずれもものごとを断定せずにそれとなくはぐらかす表現。「斜に構えて、相手に真正面から対することをよしとしない若者の心模様がかいま見える」と長谷川さん。［…］
（『読売新聞』1993年4月22日朝刊　暮らしのことば考　第二部使い分け（6））

記事では会社の教育担当の長谷川さんが、「とか」を多用する若者の「とか弁」に毎年のように煩わされているようです。そして、その「とか弁」を使う若者の心理状況を「斜に構えて、相手に真正面から対することをよしとしない」と説明しています。

3 辞書にも登場

「とか」の新用法は、国語辞典にも掲載されているのでしょうか？　代表的な小型国語辞典のひとつである『岩波国語辞典』を見てみましょう。

> とか①《副助詞》例をあげて並べるのに使う。「A――B――」の記号」「食べる――飲む――しなさい」②《連語》下に「言う」「聞く」などを伴って、内容が不確かであることを表す。「橋沢――いう人」　1980年ごろから特に、「とか」で言いさして、更には付けるまでもない文末に添えて、（自分の発言の責任を内容と共に）ぼかす用法が若い世代で広まった。
>
> （『岩波国語辞典』第7版新版2011年）

後半部分で「とか」の新用法について言及されています。さかのぼると、1991年に改定された第5版以降から「とか」の新用法が取り上げられるようになります。同様に、『三省堂国語辞典』では1992年の第4版から、『広辞苑』では1991年の第4版から「とか」の新用法が示されています。そして、新聞記事にも辞書に「とか」の新用法が採用されたことが取り上げられています。

流行語、日常語も全面改訂ノッてます　広辞苑第4版、11月発売

「国民的辞書」として知られる岩波書店の広辞苑が全面改訂され、第4版として11月15日に発売される。［…］「いまいち」「ぶっちぎり」「とか」など若者の間で流行した言葉のほか、「オゾンホール」「ファジー」「バブル」など、最近日常語として頻繁に使われるようになった用語も収められている。

（『朝日新聞』1991年9月4日朝刊）

辞書や新聞のほか、『現代用語の基礎知識』1990年版の「若者用語」の項目にも、「とか」が初めて掲載され、それ以降もたびたび「若者用語」として取り上げられています。

このように、「とか」は若い人が使用することばとしてたびたび取り上げられ、辞書にも載るほど広まったことばと言えます。また、「とか」は文化庁が実施している「国語に関する世論調査」でも平成11年度、平成16年度、平成26年度の調査に登場しています。国語に関する世論調査の結果については、**5**で取り上げます。

4 「とか」の用法の広がり

「とか」の用法とその広がりについて、若者ことばの特徴について論じている佐竹秀雄さんの説明をもとにみていきます。「とか」は、「プリンとかチョコレートとか甘いものが好きだ」というように、「～とか～とか」という形で使います。この文は、「プリン」や「チョコレート」が「甘いもの」という「集まり」に属するものの代表例として挙げられています。次の例はどうでしょうか。

⑦ 性格とかも大事だし、生活リズムとかも、すごく大事だと思うんだよね。

（20代女性 SF102:78）

⑧ あたし、いまだにコーヒーとかー、あのー、ミルクティー、紅茶系とかー、一切飲めない

んですけど。

（20代女性 SM202:143）

⑦⑧では、「集まり」の種類はことばに表されていませんが、「大事だと思うもの」や「カフェイン飲料」といった「集まり」が話し手に想定されていると考えられます。そして、その「集まり」の中から、「性格」「生活リズム」、「コーヒー」「ミルクティー」「紅茶系」という例が示されているとみられます。このように、「とか」は、ある集まりの一部を例示する意味を持っており、この使い方は「例示用法」「並列用法」などと呼ばれます。

会話の中では「とか」の代わりに「とかそういうの」のように使われることもあります。

⑨ ［注：チラシに］毎回絵は入れようと思ってたんす［です］けど、色とかそうゆうのはー、確かに考えといても損はないんだろうなあって。

（30代男性 40M203:168-2）

⑨はチラシのデザインについて話しているときのものです。「色とかそういうの」というところで「とか」が使われています。「チラシのデザインに関わること」という集合のうち、「色」について挙げていますが、「とかそういうの」と続けることで、「色」以外にもあるとい

うことが暗に示されています。このように、「とか」は、元々の「集まり」の一部を示すというところから、ひとつしか挙げていないけれど、挙げていない他のものを暗示する働きが生まれたと考えられます。そして、「他のものを暗示する働き」が拡張され、発言を「ぼかす用法」が生まれたと考えられます。

⑩ でも、わったしも今までさ、関西とかの友だち、全然いないからー。（20代女性 20F102:108）

この文より前では「関西出身の友人」の話をしており、その流れでこの文は出てきます。この文で「関西」だけでなく、他の「関東」「西日本」「北海道」などさまざまな地域がある中で、そのうちのひとつの例として「関西」を挙げているのであれば、例示用法ともとらえられますが、ここでは「関西」以外に想定されるものはありません。このように、「他のものを暗示する必要がないとき」に使われる「とか」が「ぼかし用法」なのです。このような「とか」の「ぼかし用法」は、若者が使うことばと言われてきました。では、本当に若い人だけが使っているのでしょうか。調査や実際の会話での使用をみてみましょう。

5 国語に関する世論調査の「とか」

新用法の「とか」の新用法は、文化庁が毎年実施している「国語に関する世論調査」でも取り上げられています。平成11年度（1999年）、平成16年度（2004年）、平成26年度（2014年）の調査で、「鈴木さんと話とかしてました」という言い方をすることがあるかを調べています。平成11年度の結果と平成26年度の結果をみてみましょう（表1）。

平成11年度と平成26年度の結果を比べるとふたつの調査の期間は15年あいているものの、大きな変化はみられません。2割弱の人が「使うことがある」と答え、8割以上の人が「使うことがない」と答えています。

次に、年齢層別での結果をみてみましょう。次のグラフは平成11年度調査と平成26年度の調査結果のうち、「使うことがある」の回答の年代別グラフです（図1）。

表1 世論調査の結果

	「とか」を使うことがある	「とか」を使うことがない
平成11年度	16・2%	82・4%
平成26年度	17・1%	82・0%

グラフをみると、どちらの結果も10代から30代の若年層が使う割合が高く、それよりも上の年代では低くなっています。平成11年度と平成26年度の結果の違いをみてみると、平成26年度では10代は「ある」の割合が37・3%で、平成11年度の48・2%と比べると減っています。その一方で、平成26年度では20代から50代の各年齢層で「ある」の割合が10%近く増加しています。この結果をみると、この15年の間に徐々に「とか」の新用法が若年層以外の世代にも広がりつつあると考えられます。

図1　世論調査の結果　「話とかしてました」を使うか

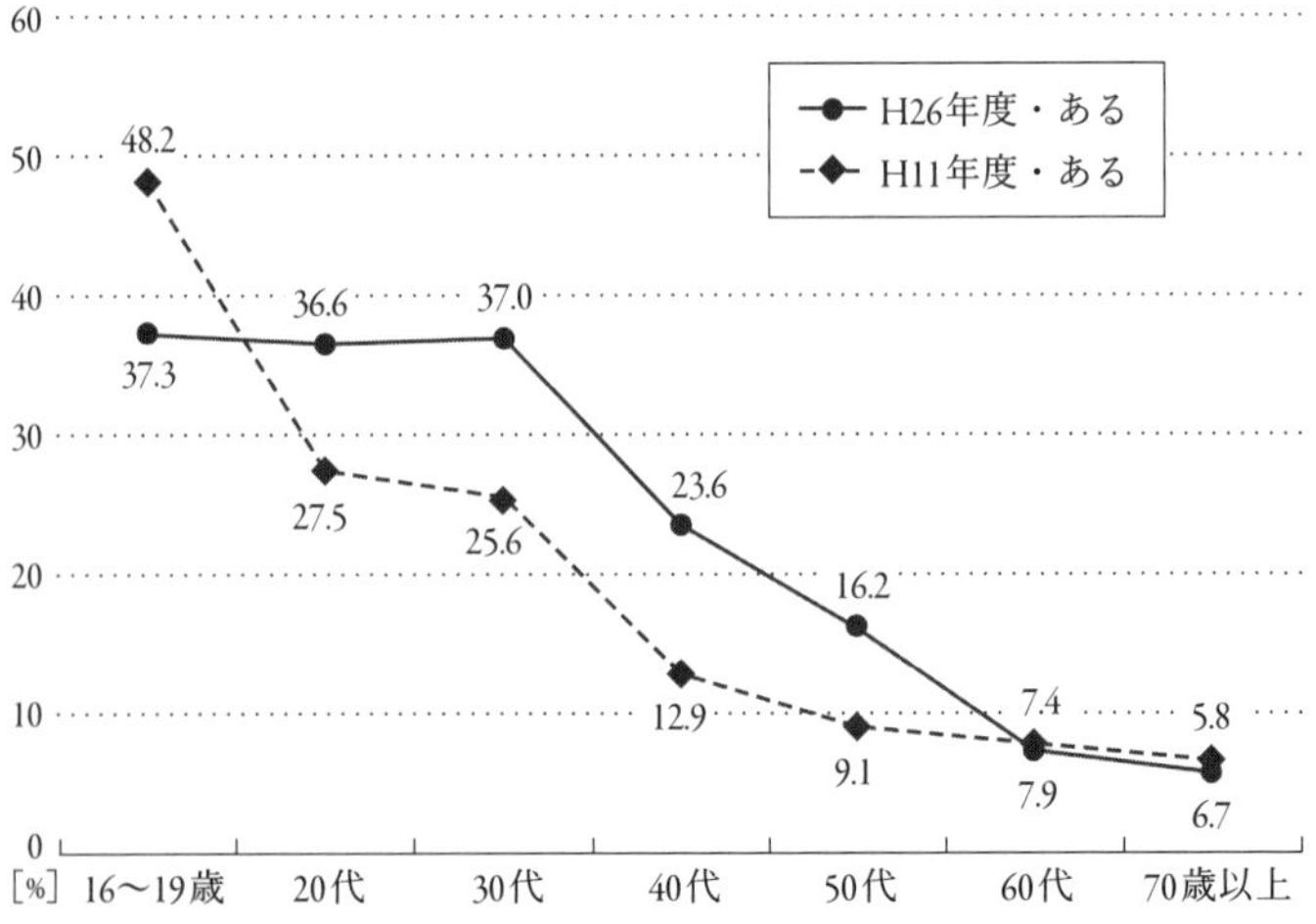

6　会話の中の「とか」の使用

実際の会話ではどのように使われているのかみてみましょう。日常会話を収録した『談話資料』の「とか」を使った文を数えてみると、１１１６例みつかりました。

これらを従来の「～とか～とか」の形の「従来」タイプ、「～とか聞く」のような「引用」タイプ、「お父さんとか」のような「ぼかし用法」タイプ、これらに入らないタイプ（「なんとかする」など）の「その他」に分け、それぞれどのくらい出現するのかを集計しました。まずは全体の数をみます。「ぼかし用法」タイプが５１９例と最も多く、次に多いのは「従来」タイプで３０９例でした（表2）。

次にタイプを年齢層別に分類した結果をみてみましょう（図2）。図2をみると若い世代ほど「ぼかし用法」タイプが多く、年齢層が高くなると減る傾向がみられます。

「ぼかし用法」タイプは10代では63・6%、20代では61・4%、30代では

表2　『談話資料』の「とか」

従来タイプ	引用タイプ	ぼかしタイプ	その他
309例	224例	519例	64例

49・2%と、この年齢層での割合が特に高く、50%から60%がこの用法という結果になっています。そして、40代でも「ぼかし用法」タイプが多くみられると思いませんか？　40代は50・2%が「ぼかし用法」です。50代でも「ぼかし用法」タイプが31・2%、「従来」タイプが31・7%とほぼ同じ割合でみられます。

　これらの結果から、実際の会話でも、「ぼかし用法」は10代や20代、30代の若年層で多く使われていると言えそうです。そして、若年層だけでなく、40代や50代にも「ぼ

図2　『談話資料』の「とか」のタイプ

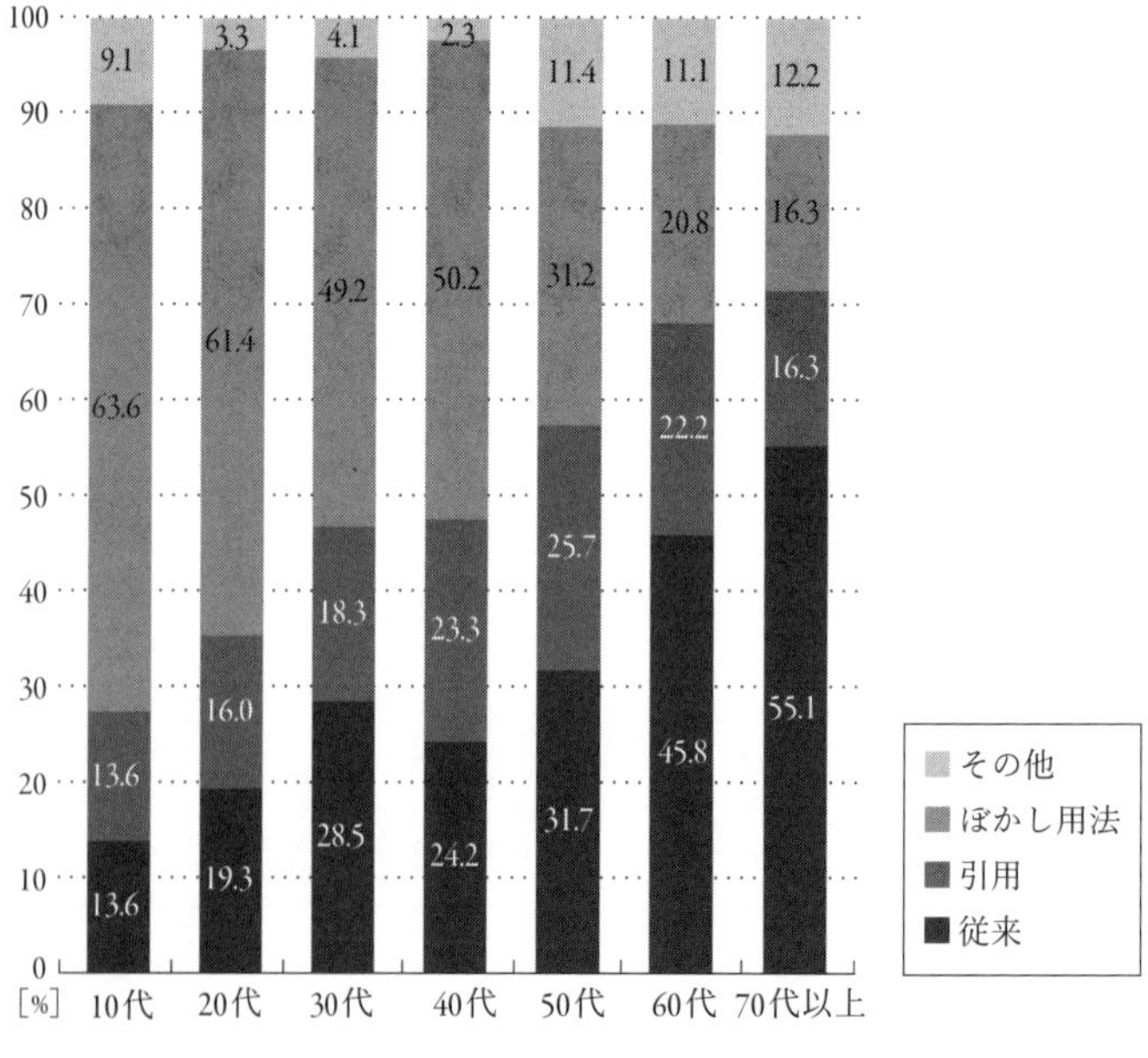

かし用法」が確実に広がっていると考えられます。60代、70代では「従来」タイプが最も多く使われますが、「ぼかし用法」も15%近く使われています。「ぼかし用法」は全世代的に広がりつつあるようです。

意識調査である世論調査と実際の会話である『談話資料』では、調査方法が異なるので、単純に比較することはできませんが、『談話資料』の結果をみるに、世論調査の結果以上に、多くの世代で「とか」の新用法を使う人は拡大していると言えそうです。

最後に「ぼかし用法」がどのような場面で使われているかをみてみましょう。「ぼかし用法」をみていると、よく使われる場面があることがわかりました。次の文をみてください。

⑪　3日とかは厳しいですよね？（50代男性　60M202:143）

⑫　でもさ、面取りとかしたでしょ？　もしかすると。（50代女性　70F201:328）

⑬　お肌が弱いとかはないですか？（20代女性　30F201:172）

⑪は旅行の日程を相談する場面で、聞き手の予定を聞いています。⑫は、聞き手の行動について、話し手の推測を話しています。⑬は聞き手の体質について質問しています。

これらの文では、「とか」の持つ「あいまいさ」をうまく使って、聞き手の予定や行動について言い切ることを避けています。こうすることで、話し手が述べた内容に対して、聞き手が肯定・否定を言いやすくなるという効果があり、これは聞き手への配慮が表れたものと言えます。このような「とか」の使い方は世代を問わず多くみられ、「とか」の持つあいまいさを上手に利用して会話しているのでしょう。

「とか」の新用法は、１９８０年代後半に注目され始めたことをみてきました。その後、新用法の「とか」はすたれることなく、30年たった現在も若い世代を中心に使われ、その勢いは40代、50代にも広がりつつあります。「とか」は、「とか」がもつあいまい性をうまく利用した配慮のことばとしても使われており、「とか」は若者だけが使う若者ことばや、流行りすたりのある流行語の域を超えて、日本語に定着していく最中のようです。

（増田祥子）

第五章

「夫婦のことば」ちょっとのぞき見

1 役割語としての夫婦のことば

世の夫婦はそれぞれ、2人だけでいるとき、どんなふうに話しているのでしょうか。自分たち夫婦のことばはともかく、よそのご夫婦がどんなふうにしゃべっているのかは案外わからないものです。あるとき、「どんなに親しくても、夫に「おまえ」なんて呼ばれたくない」と友人に言うと、彼女は「えーっ、全然問題ないよ。私だって夫を「おまえ」って呼んでいるからね」と答えました。こちらも「えーっ」。私は夫を「おまえ」と呼ぶことはないし、「おまえ」と呼び合う夫婦がいるというのも、想像もしていませんでした。

私たちがふつうに知り得る夫婦のことばは「役割語の世界」だといえそうです（「役割語」については七章１０８頁をご覧ください）。私たちは小説や映画などの夫婦の会話を通して、世の夫婦はこんなふうにしゃべっているのだな、となんとなく思い込んでいるというわけです。

次に挙げるのは、映画『家族はつらいよ』（山田洋次２０１５年）の70代の夫婦の会話です。

夫：俺も久しぶりに誕生日のプレゼントでもするかな。なんかほしいものあるかい？
妻：そりゃあるけど。
夫：言ってみろ。ただし高いものはだめだぞ。消費税は上がったし、近頃、預金崩してんだからな、俺は。
妻：そんなにお高いものじゃないの。お値段はね、４５０円ほど。
夫：４５０円、なんだ？　それ。
妻：ほんとにいいの？　あのね、あたしがいただきたいものはこれ。ここに名前書いて、ハンコついてほしいの。４５０円は戸籍謄本取るためのお金。

夫：なんだ？　これ。
妻：離婚届よ。
夫：おい、冗談だろ。
妻：本気よ。考えといてちょうだい。お風呂に着替え置いときますから。

定年退職後の悠々自適を楽しむ夫は、友人とゴルフの後、一杯やって機嫌よく帰宅。ちょうど誕生日だった妻にプレゼントをすると言うのですが、そのことばは「ほしいものはあるかい」「言ってみろ」「高いものはだめだぞ」と、ぶっきらぼうで高飛車です。疑問を表す「か（い）」や断定する「（から）な」「ぞ」などは、いわゆる男性専用とされた終助詞で、男性どうしではごく親しい対等な相手に対しても言えますが、一般的には目下の相手にしか使えません。また、「〜しろ」のような命令形も、さらに後半、妻に離婚届の用紙を突きつけられて聞く、「なんだ？　これ」のような「だ」で言い切る疑問形も、どんなに親しいとしても、目上の相手には使いにくい言い方だと思われます。

一方、カルチャーセンターの小説教室に通う妻は、夫を驚かせる離婚の提案をしておきながらも、ことばはあくまでも丁寧で穏やかです。基本的な文体のスタイルは非丁寧体に終助詞

「の」や「よ」をつけた形で、これは、もともとはやはり、女性が親しい相手に対して使うとされた形式ですが、目下のものにしか使えないということはありません。また「お高い」「お値段」などの丁寧語、「いただきたい」という敬語形、さらに「ます」を含む丁寧体の文も繰り出します。また、夫が「〜しろ」と言った、相手に何かをさせる言い方も、妻のほうは「〜てちょうだい」とお願いをする形（依頼形）になっています。

2人はそれぞれの生活を楽しみ、互いに不満はあっても、特に不仲というわけでなく、夫は妻にそれなりに気を使い、会話の内容をリードしているのは、むしろ妻であるとも言えます。その意味では対等な2人ですが、ことばの上では明らかな丁寧度の差があります。親しい友人どうしの会話などに比べて、夫婦の会話に特徴的なのはこの「非対称性」とでも言うべきものでしょう。対等な関係での一般的な会話では、スピーチスタイル、丁寧度は互いに対称（丁寧体で話す相手には丁寧体で答え、非丁寧体で話す相手とは互いに同レベルにくだけた非丁寧体で話す）なはずですが、夫婦の場合は必ずしもそうなってはいません。

実際にこんなふうにしゃべる夫婦がいるかどうかはわかりませんが、少なくとも映画の作者や、これを見た観客には彼ら夫婦のことばは「リアルな」ものとして共有されたわけです。これが「役割語」としての夫婦のことばです。

2　映画にみられる夫婦のことば

　現代の家族関係・夫婦関係の変化、多様化を反映して、「役割語」としての夫婦のことばは必ずしも一種類とはかぎりません。本書編者の遠藤織枝によれば、１９４０年代後半から60年代までの映画では、登場する夫婦が共通して夫は敬語を使わず、妻は敬語を使うとのことです。この時代の映画の中には、妻が夫に対して、基本的に丁寧体でしゃべるというものもみられます。

　私自身も１９５９年から２０１０年までに公開された35本の映画に現れた45組の夫婦のことばを分析したことがあります。その結果から、すでに50年代にも敬語や丁寧体を使わずに話す妻の例もあること、さらに時代が進むと、妻のことばは「非丁寧体＋女性専用とされる終助詞（「動詞＋の」「名詞＋よ」「名詞＋ね」「（だ）わ」「かしら」など）」から、２０００年代には「非丁寧体＋中性的な終助詞（「動詞＋よ」・「名詞＋だよ」「だね」「かな」など）」が中心となり、その中で妻は（時には夫も）丁寧体へのスイッチングを相手との心理的な距離を調節する一種のストラテジーとして行っていることをあきらかにしました。先に挙げた『家族はつらいよ』のシーンで、最後に妻が「お風呂に着替え置いときますから」と、丁寧体になるのも、突然の離婚の申し出に驚く夫を尻目に、それまでの話題を打ち切るという意図を示し、さらに自分が夫の世話をしているという立場を夫に確認・表明するようなスタイルシフトとみることができます。

実は、役割語としての夫婦のことばも、かならずしも『家族はつらいよ』のようなものばかりではなく、2人の年代からいっても、これは少し古風な夫婦の役割語かなという気もします。別の言い方をすれば、現実の夫婦のことばもこのような多様性を持っている可能性があります。つまり、夫婦関係の社会的な変化は、ことばの面でもさまざまな変化や多様化を生み出しているのではないかと考えられるのです。

3 『談話資料』の夫婦のことば

さて、それでは現代の夫婦は、実際にはどんな会話をしているのでしょうか。

『談話資料』には、他の人物を交えず2人だけで会話をしている夫婦が12組（12場面）現れます。彼らの会話について、『家族はつらいよ』で非対称の例として現れていた丁寧体の文、敬語、文末形式、命令・依頼のしかたなどを中心に、夫と妻のことばが大きく違うと思われる他の要素も含め観察――ちょっとのぞき見――してみたいと思います。

12組の年代の内訳は、夫婦のどちらかが30代以下4組、ともに40代3組、50代2組、60代2組、どちらかが70代以上1組と、おおむね全世代にわたっています。各夫婦は、話題はさまざまですが、およそ10分程度の談話場面で100〜300ほどの発話のやり取りをしています。12組の夫婦の、夫の発話数の平均は128、妻は135で、夫婦間にそれほど大きな差はありません。夫のほうが多くしゃべっている夫婦も、妻のほうが多い夫婦もありますが、どちらかが一方的にしゃべり、もう片方は聞くだけという夫婦はいませんでした。どの夫婦も互いにしゃべり互いに聞くという円滑なコミュニケーションをしていると考えられます。

丁寧体と敬語

12組の夫婦は約130回の発話のうちにどのくらいの丁寧体を交えているでしょうか。

まったく使っていないのは妻が1人、夫4人。丁寧体の出現は、平均でいうと、夫2・2回、妻2回で、実は丁寧体の発話はほとんどない、と言ってもいいくらいです。ただし、この数には軽い確認や問いかけを示す「でしょ(う)?」は入っていません。これは丁寧体ですが、ほとんど丁寧という意識なく、女性にも男性にもよく使われるからです。

『談話資料』では、妻よりもむしろ夫のほうがよく丁寧体を使うという夫婦も目立ちます。ある50代の夫は21回（全発話数の13・2％）、別の60代の夫は16回（11・3％）と、12組の夫婦の中では誰よりも多く丁寧体を使っています。これに対する2人の妻はそれぞれ2回、7回のみの使用で、この2人の夫は、妻よりも丁寧に話しているのです。以下は、食事をしながら正月の餅の用意について話す60代の夫婦のやりとりです。（「パパ」は夫のこと、傍線は筆者）

①　夫：じゃ、いただきまーす。
　　妻：〈笑い〉いただきます。
　　夫：はい、おいしそうですね。
　　妻：あ、あのー、ちなみにご報告ですが｛はいはい｝えー、実は、さっき、パパを待たせながらで悪かったんですが｛うん｝お米屋さんの前を通った時、そうだ、忘れないうちにと思って、
　　夫：あ、注文したの？
　　妻：注文した。

夫：ああ、そうですか、ふーん。

(60F302:1-6)

ともに丁寧体を交え、「おいしそう」「悪かった」など、相手への気づかいを表すことばがみられる一方、「注文したの？」「注文した」と、相手の発話の先取りや繰り返し、非丁寧体の使用などインフォーマルな気楽さもみられます。丁寧体の談話といっても、決して相手を遠ざけているわけではないのです。

次に敬語ですが、12組の夫婦の談話に出てくる、いわゆる「敬語」は4話者による7例（夫1例、妻6例）だけで、いずれも謙譲語です。その中には①の夫婦の「いただきます」のような定型的な食事の挨拶も含まれます。そのほかは30代の妻が、夫に持ち物の処分を頼む文脈で「お願い」「お願いします」と繰り返した例、同じ30代の妻と、別の50代の妻が、夫婦以外の第三者からの贈り物に対して「いただく」と言った2例などで、こうしてみると、お願いや挨拶語として以外には夫婦間では敬語は使われていないと言ってもよいと思われます。

丁寧度のレベル――「食う」と「食べる」

丁寧体の使用には夫と妻の差はほとんどなく、敬語については妻の使用が多いものの、敬語の出現そのものがきわめて少ないという結果でしたが、実は夫婦間で丁寧度にかなり差があるとみられることばの使い方もあります。②③は60代の同じ夫婦の食事中の会話です。

② 夫：ちょっと少ないんじゃない？　あんたの飯《めし》が。
ええっ？［驚いた口調で］、これじゃ、だって…。
妻：いい、いい、いい、いい、いい［強い口調で］。
いいよ、いいよ、だって、あんなおっきいおにぎり昼に食べたんだから。
夫：〈笑い〉2個食ったの？

(60M101:275–279)

③ 妻：ドレッシングでいい？　野菜。
夫：なん、なんでもいいよ、もう［前の妻のことばに重ねるように］。
もうさー、あの、ドレッシング今度もう買って来ねえで、もう、1種類でいいから、もう。別になんでもい［＝いい］んだからさー、なあー。もうあそこ［＝冷蔵庫のこと］へ入《はい》んねえもん、で、いっぱいで〈へへへへ、へへ（笑い）〉。いっぱいでとにかく入んないんだよ。だから、もうドレッシングなんかもう／／。

妻：じゃあ、食べなきゃいいじゃない。

(60M101:301–308)

夫の発話に出てくる傍線部の「飯」「食う」は、もともとのことばが使われるうちに待遇価値（丁寧度のレベル）が下がったもの。「来ない」を「来ねえ」、「入らないもの」を「入んねえもん」というのは、いわゆる音変化です。これらは敬語とは反対に、インフォーマルな親しみを表し、場合によっては相手を少し軽く見るときにも使われます。若い女性が使うのを耳にすることもありますが、どちらかと言えば男性がよく使う言い方です。

『談話資料』の夫婦はあまりこのような言い方をしませんが、使っているのは7人、すべて夫でした。7人中5人は、2種類以上を使っており、このようなことばの選択が、今まで男性の話し方と言われてきたスピーチスタイルを作り出していることが察せられます。男性のほうがよく使う言い方ですが、夫たちの誰もがこう言うわけではありません。特に20代を含む夫婦や70代を含む夫婦にはみられず、おもに中年男性のことばといえそうです。なお、40代のある夫は、ひと続きの談話中で、「食う」と「食べる」両方を使っています。これに対する妻たちはいずれも「食べる」を使い、「食う」と言うことはありません。

②③の夫は、これらのことばを使って、笑いも交えながらも、ラフな、ちょっと乱暴ともいえる口調で買物などにもの申しています。③では、サラダのドレッシング購入に意見を言って、それにいらついた妻に「じゃあ、食べなきゃいいじゃない」とバッサリ、話を打ち切られてしまいました。話者の個性にもよるのでしょうが、このような言い方が、妻に対して「上位者からの脅威」になることはなく、むしろ親しみや、夫のちょっとした駄々っ子ぶりを示しているようです。

文末形式（終助詞）の中性化

この項では文末に使われる終助詞を中心にみていきます。映画の夫が使っていた「(から／だ)な」「(だ)ぞ」「か(い)」はもっぱら男性が使うとされた終助詞です。これに対して女性は「(な)の」(「のよ」「のね」になることも)「(だ)わ」「かしら」を使うとされます。映画の妻も「いいの?」「本気よ」などと言っていました。これらの終助詞は、それぞれ役割語としての「男ことば」「女ことば」を形成する重要な要素となっているわけです。

『談話資料』では、①の夫は「注文したの？」②の夫は「いいんじゃない？」「食ったの？」と妻に問いかけていて、「注文したか？」「いいかい？」などとは言いません。妻のほうは終助詞抜きで「いい？」という調子。この部分に夫婦の「男女」差はみられません。

実際に数えてみても、女性専用とされた上昇調アクセントとみられる「(だ) わ」は2例のみです。このうち1例は50代の妻が他者のことばを引用したもの。1例は30代の夫が「ああ、違うわ」と言っていますが、文字化されたデータからは上昇とも下降とも判別しにくい例です。ほかにも7例「(だ) わ」が現れますが、妻が使っている3例を含めすべて下降調のアクセントで、これはむしろ中性化を示すものです。「かしら」は3例（50代の妻2人が使用）という具合でした。「わね」「わよ」や、「だぞ」「だぜ」などはまったく現れません。「(な) の」「(な) のよ／ね」は妻が比較的よく使っていますし、「(ん) だな」「(ん) だよな」、「か？」「かい？」「かね？」は夫のほうがよく使うようですが、これもあくまでも傾向差で、これらを逆の側がまったく使わないということではありませんでした。

これらの語を比較的よく使う夫婦と、あまり使わない夫婦の個性の差というものもあるようです。ある60代の妻は20例の「の」「(な) の」「(な) のよ／ね」「だわ」を使い、70代の夫も

「だな」「だよな」「かい？」などを10例使って答えています。別の60代の夫婦も妻９例、夫14例と多用しています。とはいえ、どちらの夫婦も妻が「だよ」と言ったり、夫が「(な）の？」と言ったりもしているので、一方的に夫が「男ことば」を、妻が「女ことば」をしゃべっているというわけではなく、それぞれに、むしろバリエーションに富んだしゃべり方をしているというべきでしょう。

もう少し若い夫婦を中心に、「(な）の」「だわ」「かしら」などの使用がなくなる一方、男女ともに「(ん）だ」と言い切ったり、「だよ／ね」ということが多くなります（夫１４９例・妻１１０例)。また、「(な）の？」（夫45例・妻58例)、「かな？」（夫22例・妻19例）も男女の差はあまりなく、よく使われています。これらは、いわばどちらの性にも使用が偏らないとされた中性的な終助詞です。また、年代にかかわらず、５人の妻がそれぞれ１、２例ではありますが「か？」「かい？」「かね？」などの疑問形を使っていました。

「だ」「か？」はもともと男性専用とされた形式、「(な）の」は女性専用とされた形式であったためか、出現数はそれを反映したものとなってはいるようです。でも、それよりも夫はほとんどの話者が「(だ）ぞ」よりは「(だ）よ／ね」を選び、「か？」「かい？」よりも「(な）の？」「かな？」を選ぶ。妻も「(だ）わ」よりは「(だ）よ／ね」を選び「かしら？」よりも

「(な) の？」「かな？」を使う。その結果両者の文末形式が近づく、というところに、中性化がみられます。実際に、「(だ) よ／ね」に関しては、その使用度数はさまざまではあれ、全く使わないという話者は夫・妻ともに1人もいませんでした。

なお、文末形式の中性化という点については夫婦のことばの特徴というよりは、夫婦も含む男女のことばの中性化の傾向がここにも反映していると言うべきだと思われます。

夫婦の命令・依頼

『談話資料』では夫婦が2人だけでいるときに、相手に何かの行動をさせるという場面自体が少なく、命令・依頼の表現は7例だけでした。30代の2人の妻は「ちょっと待って」、「早く出して」など。40代と60代の2人の夫は「東北も含めてよ」、「よろしく言っといてよ」と終助詞「よ」をつけてちょっと念押しというところですが、映画のように夫は命令形、妻は依頼形というような差はみられません。そのほかには69頁の「丁寧体と敬語」にも挙げた「お願い」「お願いします」が1例ずつ1話者（30代妻）にありました。

次の40代の妻は「くれよ」という命令形で、夫に要求をしています。

④
夫：一月は出張ないの？　○○［妻の名］は。
妻：ない。ないから、△［夫の名の一部］ちゃんに遠くに出張に行ってもらいたい。遊びに行くから〈エへ（笑い）〉、遠くでありますように。
夫：俺は関東でいいなあ。
妻：何でだよー。××県にしてくれよ。

（40F101:81-87）

夫の「～の？」という疑問形、妻の、「ない」「もらいたい」と終助詞なしで言い切ったり、「だよ」や「くれよ」という文末、互いに名前やその一部で呼び合う呼称など、この夫婦には、自称詞「俺」を除けばことばの差はほとんどみられません。半ば冗談のように高圧的に言われる命令形も、このような文脈の中に納まって自然です。出張の多い共働きで、対等に働き、相手の出張先に合わせて一緒に遊ぶというような夫婦のライフスタイルが、ことばにも表れているようです。

夫婦の呼び方

冒頭で「おまえ」と呼び合う夫婦の例を紹介しました。『家族はつらいよ』の夫婦は別の場面でですが、夫は妻を「おまえ」「母さん」と呼び、妻は夫を「お父さん」と呼んでいます。また、この映画では息子夫婦は、夫は「ママ」、妻は「パパ」「あなた」と相手を呼びます。『談話資料』では、①では妻が「パパ」と夫を呼び、②の夫は妻を「あんた」と呼んでいました。④の40代夫婦では、夫は妻を名前で呼び捨て、妻は夫の名の一部をとって「〜ちゃん」といわば愛称で呼びかけています。

実は、夫婦の呼び方は『談話資料』では、40代あたりを境目に変わっているようです。若い世代では夫も妻も互いに名前を呼び捨てたり、妻が夫を呼ぶのに愛称や名前の一部に「ちゃん」をつけたりしていますが、上の世代にはこういう呼び方は現れません。映画の妻たちがよく使う「あなた」は50代の妻の1例だけ、互いに「パパ」「ママ」と子の立場に立った呼び方をしている夫婦も①の60代の1組だけ（娘を交えて話している70代の夫婦にもう1組「お父さん」「お母さん」と呼び合った例がありました）と、過去の映画に出てきたような呼び方は高年齢層の少数にかぎられます。また、②のように、夫が妻を「あんた」と呼ぶことで、上から目線の「おまえ」を避けたのかもしれないとみられる例もあります。このあたりには時代や、年代による夫婦の関係性の変化や、それを反映したことばの変化が表れているようです。

4 『談話資料』の夫婦のことば――まとめてみると

妻から夫にだけ使われる丁寧体や敬語は、『談話資料』からも姿を消しているといえるでしょう。

しかし、丁寧度のレベルや、文末の終助詞、呼び方などの妻と夫の違いは、まったく消えたというわけではなく、それぞれの特徴を残しています。ただ、その全体量は少なく、特に若い世代の夫婦では文末形式や、丁寧度のレベル差はほとんどみられないこと、互いに名前を呼び合うことなど高年齢世代の夫婦にはみられない形での、いわば中性化が進んでいます。

40代になると、基調は対等・中性的な話し方ながら、一部に男性だけのくだけた語形・音変化や、妻の「(な)の」「(な)のよ/ね」「かしら」、夫の「(ん)だな」「(ん)だよな」などの混入がみられるようになり、その傾向は50代、60代と少しずつ顕著になっていきます。『家族はつらいよ』の夫婦のことばは、いわばこのあたりの世代の夫婦の「役割語」ということになるでしょう。
一方で50代から上でも、妻よりもむしろ夫のほうが丁寧体の多い話し方をする夫婦もあり、そうでない夫婦でも、妻の呼び方や、終助詞の使い方などで語調を和らげるなど、あえて男性上位的な話し方をしない夫の存在をみることもできます。これも別の形でのことばの中性化といえるかもしれません。夫婦はそれぞれの工夫と個性で快適なコミュニケーションを図っているようです。

（小林美恵子）

第六章

超高齢社会のことば

1 「高齢者語」「高齢者ことば」ってあるのでしょうか

日本は超高齢社会を迎えています。社会全体に占める65歳以上の人の占める割合がついに26%を超えました。高齢化は日本語にとっても何か影響を与えているのでしょうか。世代によることばの違いについては、「若者語」とか「若者ことば」などが話題に上ることは多く、関心も強いのですが、「高齢者ことば」とかいう術語はまだ耳にしません。「老人語」

という術語はありますが、若者語のように楽しく気軽にもてはやされることはないでしょう。「最近、A老人ホームでこんな老人語がはやっている」などと言って「老人語」という術語がテレビに取り上げられることもなさそうです。つまり術語としてこの語が使われることがないほど、「老人語」は目立たない存在なのでしょう。

1990年に、わたしは「「老人語」の特徴」という論文を雑誌『日本語学』4月号に書きました。「老人語」について書くように依頼を受けて、宇野千代さんなど当時高齢だった方々へのラジオのインタビュー番組をもとに調べた結果の報告でした。「老人語」の語は時に差別的・不快語になりかねないので、この語は使いたくなかったのですが、ほかにいい術語が思い浮かばなくて苦渋の結果として「」つきで使うことにしました。そうした高齢の人のことばの特徴としたものが、その後どうなっているでしょうか。

以下では、『談話資料』をみながら、28年前と比べてみることにします。

なお、「老人語」を項目語として取り入れている辞書は小型の国語辞書では、『新明解国語辞典』（以下、『新明解』）ぐらいで、『三省堂国語辞典』『岩波国語辞典』『新選国語辞典』などには載せていません。『新明解』第7版の「老人語」の項目には「すでに多くの人の常用語彙（イゴ）の中には無いが、高年の人には用いられており、まだ、死語・古語の扱いは出来ない語。

例、安気（アンキ）・気散（キサン）じ・湯殿・よしなになど。」と記述されています。

さて、「「老人語」の特徴」で「老人語」の特徴として報告した一部を紹介します。

1　発声面の特徴として①チューオーコーロンノシャチョーノのように、ーの長くする音を言わない例や、②「ダイガクノOBノ」の「ク」が抜ける、③「キレイラッタ」のように「ダ」が「ラ」になるなど、発声発音面で正確さが失われている。

2　語彙では「大八車・ハバカリ・フランネル・花をあきなって・初恋の人＝はつごいの人・せがれ・あくる年に」などのような「すでに多くの人の常用語彙にない」（『新明解』）語がある。

3　話し方として「あの、あれしてね」「そういうあれがありました」のような指示内容のない指示代名詞の使用が多い。

4　外来語の使用が少ない。

などです。

『談話資料』の話者の中には、80代の2人、90代の2人を含む70代以上の人が25人います。この25人を高齢者として、こうした高齢の人の話しことばに、28年前と同じような特徴があるのかどうか、上の4点について調べてみます。

2 28年前と比較して

長音の脱落「ニョウボ」と「ダイジョブ」

「老人語」の特徴」で、ラジオで話された高齢者のことばに前の①で記した「シャチョー」が「シャチョ」になるような長音の脱落の例を挙げました。『談話資料』で、それと同じように長音が落ちていることばの例を探すと、「ニョウボ」と「ダイジョブ」がありました。「女房」を「ニョウボ」と発音する70代男性の例があり、やはり高齢者は長音が脱落した話し方をするのだと納得しそうになりました。ところがこの言い方は、次の①のように50代男性もしていることがわかりました。

① やめようかってさ、女房《にょうぼ》と話してるん。 (50M101:157)

高齢者に限ったことではなさそうです。

また、「大丈夫」を「ダイジョブ」と云っている70代の女性の例がありました。でも、これも30代男性の例も見つかりました。

② 普通ならダイジョブなんで。 (30M203:28)

「ダイジョブ」は70代以上の話者の7例に対して、70代以下では13例あります。長音の脱落する話し方は、高齢者に限りません。

また、「大丈夫」は「ダイジョウブ」と正確に発音している人のほうが多いのですが、70代以上でも「ダイジョウブ」と言っている人が6人います。

発音の不正確な「ダイジョブ」が高齢者の専売特許ではないのです。

指示内容のない「あれ」の使用

年を取ってくると、記憶力の減退とともにことばがすぐには出てこないとよく言います。言おうとしている語がすぐに出てこないため、とりあえず「あれ」ですませておく言い方がよくみられます。（傍線は筆者、以下同じ）

③ もはや国産牛100パーセントって、あれなのかな↗、〈少し間〉それは、いい意味なのかな？
（20代女性 20F103:46-1）

④ A：何か、来たばっかりの人とかってゆうのを見つけないと、あれなんじゃないの？
（50代女性 50F103:88）
B：そうーすね。
（20代女性 50F103:89）

③の「あれ」はすぐ後で「いい意味なのかな」と話しているので、「あれ」の指示内容は話されています。④は「あれなんじゃないの」と「あれ」の内容は言われないうちに「そうーすね」と了解されていて、この後で「あれ」の内容が示されることはありません。この④のような「あれ」を28年前に「老人語」の特徴のひとつに挙げました。『談話資料』ではどうで

しょうか。
80代男性が話しています。

⑤ 台湾のは、ほら、台湾ってのは日本が、前、❶あれしてたから、日本語をしゃべれる年寄りが多いんだよな。だから、❷あれしやすいんじゃねえの、ほら、大学院にいけば。
（SF103:222）

❶の「あれ」は、文脈から、日本が植民地支配していたことが指示内容らしいと想像できますが、❷は④の例と同じで、そうした指示内容の想像はできません。

こうした「あれ」の使い方は現代の高齢者の特徴と言えるでしょうか。「あれ」の例は非常にたくさんありますから、ひとつひとつ調べるには相当手間がかかります。ここでは「あれして・あれした・あれなら・あれなの」で代表させることにして、これらの例を検索して探してみることにします。すると、11例ありました。

⑥ A：チューナー変えなくたってそのまま見れる。
（50代男性 70M203:243）

B：と言うことはー、まだ両方あれしてるっちゅうことか、あのー、ケーブルテレビの場合は。

（70代男性　70M203:245-1）

⑦　で、コンビニとかの、ねえ↗、あれして、今、何か、いっぱい売ってるもんね。

（40代女性　40F102:159）

この「あれして」も⑦のように若い世代の例もあります。11例のうち、80代と70代で6例、それ以下の年代で5例です。ということは、高齢者のほうが若い年代よりやや多い傾向にあるとは言えるかもしれませんが、やはり高齢者の特徴というのは無理でしょう。

語彙

『新明解』で例として挙げていたり、わたしが28年前のラジオで拾った、みるからに古そうなことばは、『談話資料』では全くみられません。少し古そうなことばとしては、70代女性の「先様《さきさま》」ぐらいです。もうひとつは90代女性がいう「看護婦さん」と、70代男性の「看護婦」の例です。この語はそんなに古いものではありません。古いと言うとしたら、次に示す法律改定によって変更される前の語だからです。すなわち２００１年に「保健婦助産婦看護婦法」

が「保健師助産師看護師法」に改められ、２００２年3月から男女ともに「看護師」という名称に統一されました。２００３年以降にこの職業名を知った人は「看護師」と言うでしょうし、「看護婦」が正式名称だった時代の人は、そのまま「看護婦」を言い続ける人と新しい名称に変える人とが出てきます。しかし、時がたつにつれて、新しい名称を使う人は増えますから、そうなると、「看護婦」は高齢者のことばということになるでしょう。変化の動きをリアルタイムでみられるいい例とも言えます。

いずれにしても、語彙の面では、高齢者に特有と思われることばは、ほかには見当たりません。

外来語

わたしが「「老人語」の特徴」で高齢者は外来語を使うのが少ないと言ったのは、インタビューに登場する人物の話したことばを全部文字化して、その語彙を和語・漢語・外来語・混種語の4つに分けた結果、外来語の比率が低いというものでした。『談話資料』では、この4つの語種の分け方と違って、混種語に含まれる外来語も外来語ととらえていますので、28年前の外来語の比率との比較はできません。そのため、『談話資料』で高齢者の外来語使用が多いか少ないかは言えないのですが、高齢者によって使われた具体的な外来語をみながら考えてみたいと思います。

70〜50代の女性4人が読書会で、自分の好みの作家のことを話しています。

⑧ 自分は、好きなのね、小川洋子。そしたら、何か、その、プログレッシブなところが好きっていうんだけど。

（70代女性 70F102:54）

「プログレッシブ」という外来語は、『談話資料』の中で唯一の例です。訳せば「進歩的」ということになるのでしょうが、この女性は、単に「進歩的」にはおきかえたくなくてあえて外来語を使って自分の意思を表現しています。同じ女性が「リアル」という外来語も使っています。

⑨ それさー、これ、最後の、あのー、ほら、これを読んだ人のあれが書いてあるじゃない？↗、ここに。リアルだな、ほんとにこれ、うん↗、これってほんとにあった話なんかしらって何か思ってしまうような雰囲気だったのよね。

（70代女性 70F102:275）

『談話資料』中の「リアル」の使用例は5例ありますが、その使い手は50代女性1例、60代男性3例と、⑨の70代女性です。

こうみてくると、高齢者が外来語を使うのが少ないとは言えなくなります。話題によって、外来語を必要とするものだと、年代に関係なく使われるのです。

もうひとつ、90代女性の外来語をみてみます。

60代の娘と90代の母親が年賀状の写真をどうするか話しています。娘が、

⑩ ま、写真は、今、デジカメで簡単に撮れるから、いくらでもあれだけど。(60F303:28)

と言います。それを受けて、2人は年賀状の背景にする写真を友人のように富士山にするとか、バックだけ変えられるなどの話をします。続いて、母親が、

⑪ えー、デジカメというのはちょっと甘く見ていたけれど意外と使いこなせなかった。(60F303:38)

と言っています。90代女性が「デジカメ」という新しい外来語を使っています。娘の話した

「デジカメ」ということばの影響もあるでしょうが、使いこなせかったというのですから、使ってみたことは確かでしょう。だから外来語の「デジカメ」も軽く口にできたのでしょう。

こういう例をみると、高齢者は外来語が少ないなどと簡単には言えないことに気づきます。高齢者でも若い人でも、話題が新しい製品に関することであれば当然新しいことばも使います。そうした新しい製品に全く縁のない人は、若くても年を取っていてもそのことばを使う機会はないでしょう。どういうことばを使うかは、まさにその人の生活の反映です。外来語を使用するかしないかは個々人の生き方の差であって、年代とか性とかでひっくるめられないものなのです。そうみてくると、28年前に、高齢の人がラジオで話すのを聞いて、それを語種に分けて比率を出しそれで外来語が少ないと言ったのは、そもそも間違いだったのかもしれないのです。

3 「高齢者語」というものはなかったけれど

以上、4つの項目に関して、『談話資料』の高齢者の話しことばをみてきた限りでは、「高齢者のことば」と言えるほどはっきりしりした特徴がないことがわかりました。

長音の脱落については、高齢者のことばに特に脱落が多くて不正確という現象はみられませんでしたし、「ダ→ラ」のような音の変化の例もなしです。

言おうとすることばが出なくて代わりに「あれ」を使う言い方も、高齢者の特徴のように考えられていますが、若い人にも「あれ」でぼかしたまま使う例は多いので、高齢者の特徴とまでは言い切れません。高齢者の使用のほうがやや多そうといえる程度です。

語彙では、いわゆる「老人語」のようなものは全くみられませんでした。

外来語は「プログレッシブ」「デジカメ」など新しい外来語を高齢者が使う例もあり、外来語の使用は年代よりも話題に左右されることがわかりました。

結局、「高齢者のことば」というものの姿はみえてきませんでした。しかしこれだけで、「高齢者のことば」という特別なものはないと言い切ることはできません。

加齢という生理的な変化に伴って特徴づけられる「高齢者のことば」の部分があるからです。東京都老人総合研究所（現在の東京都健康長寿医療センター）で言語・認知の研究を長年してきた辰巳格さんは、『ことばのエイジング』（２０１２年）という本の中で、「加齢に伴い声の高さ（基本周波数）は変化する」と言い、「音声の音色を決める共鳴特性は、男性でも女性でも、加齢に伴って変化する」と言っています。また、「パパパパ…」とできるだけ早く言ってもらって発話速度を測定したところ、20〜30歳の人は1秒間に6・7回繰り返し、70歳前後の人は5・3回繰り返したのだそうです。つまり、音声の音色や、発話速度では高齢者の話し方は若い人たちと差がはっきりとあります。

「高齢者のことば」には、こうした若い世代と違いがない部分と、違いがある部分が含まれています。前者は語彙やスタイルの選択といった意識的に行われる部分で、後者は自然な生理的なもので、話者の責任のおよばない部分です。

このことから、「高齢者は○○のことばを使う」のような決めつけ方には意味がないこと、高齢者が聞き取りにくいことばを発しても、その人の責任ではないこと、このふたつが「高齢者のことば」を考えるときのポイントになります。初めからの高齢者はいないし、人間だれもが高齢者になります。「高齢者のことば」は、自分のことばと人生を結びつけて考えるきっかけを与えてくれるかもしれません。

（遠藤織枝）

第七章

消えた?! 日常会話の性差・世代差

1 性差・世代差はあるのか――ことばや話題をみてみると?

『談話資料』の談話データは、20代の学生から70代まで幅広い年代の男女のことばを収録していることが大きな特徴です。この章では、世代や性別によって談話にどのような違いがみられるのか考えてみたいと思います。

本書の中でも、第五章では「夫婦のことば」、第六章では「高齢者のことば」などについて、それぞれの特徴をみてきましたが、『談話資料』のデータを見る限り、使用する語彙という点では話者の年齢や性によって、それほど際立った差はないということがわかってきています。

ところで、性別や職業などによってことばの違いがあることが、日本語の特徴とされてきました。1957年に発行された金田一春彦さんの『日本語』にも、日本語は地域によることばの違い（方言）、職業、身分・性別によることばの違いがはっきりしているという特徴があると述べられています。

はたしてそのような違いがあるのでしょうか。『談話資料』の調査では、それほどめだった差はみられていません。これは『日本語』（1957年）から60年経って、違いがなくなってきたということなのでしょうか。

まず、『談話資料』のデータのなかから男性の発話、女性の発話をいくつか抜き出してみました。

① でも、たぶん2時間目だとしたらー、内容としてやってる感じじゃない↗、たぶん。

② わたしたちが習った歴史、それこそ室町とか、あの時代でさえ、今、グリングリン変わってるのね↗、うーん。

③ 表とかさ、そういうのあるじゃん、レポートってか、卒論の中にさ、入れる。
④ それをージャッジするのも能力だけど、世の中にはいろいろ知ってるから、あの人なんていうのは、あー、もっと、今のあの人、あんな地位で終わってるけど…。

この①から④までの発話は、20代の学生男女と70代の男女の発話の例です。どの発話がどの年代のどちらの性別の話し手によるものかわかりますか。しいて言えば、①の「2時間目」や③の「レポート」ということばから、①②は20代の若者の発話ではないかと予想できるかもしれません。また②の「私たちが習った歴史」や、④の「あんな地位で終わっている」という表現から、少し年配の人の発言かなという想像が働くかもしれません。

この前後の部分をもう少しみてみます。

① A：なんか、そのさー、なに、本文終わってー、これをやるのか、それとも本文の内容としてこれをやってるのか、あたし、分からないね。
B：ああ。
C：ね↗。

C：でも、たぶん2時間目だとしたらー、内容としてやってる感じじゃない↗、たぶん。
A：あ、そうだよね。

②

A：１９４８年ごろだって。
B：ああ、そんな古いんだ。
A：もっとも戦後だけどね、48年って。
C：わたしたちが習った歴史、それこそ室町とか、あの時代でさえ、今、グリングリン変わってるのね↗、ぅーん。
A：でもね、あの、今の天皇が、日本は、あのー、朝鮮から、来たって言って、やっぱりこれかしらね？
C：うん。

③

A：え↗、なんか、写真、とかさ、なんか、そういうのは、枚数には入《はい》らない？
B：写真ーとかね、どうなんだろう？
A：表とかさ、そういうのあるじゃん、レポートってか、卒論の中にさ、入れる。

A：俺もやろうとはしてるんだけど、そういうのって入《はい》らないの？
B：そこー、詳しく書いてなかったからー。

④
A：そう、あれ、あれ、なんか、その選択をするのも能力だよ。
B：ほんで［それで］、自分で分からないのもあるからね。
A：そのジャッジ、ジャッジするのもな？↗
B：うん、そう。
B：いや、僕なんかのー、会社なんかでもー、それで一流大学多いけど、やっぱりすごい特徴があるんですよ。

少し手がかりが増えました。①のなかには、「あたし」という一人称がでてきました。また、「ね↗」というあいづちや、「そうだよね」「わからないね」など、終助詞の「ね」が多く使われていることや、「じゃない↗」といった口調からも女性の会話ではないかと思われます。②では、女性がよく使うといわれる「かしら」が使われていますし、「〜だって」「変わってるのね」「でもね」といったところからも女性の雰囲気が感じられます。

それに対して、③には「俺」、④には「僕」が使われています。また、③の「どうなんだろう」「あるじゃん」は男性がよく使う印象があります。④は「能力だよ」「ジャッジするのもな」など、男性の会話を思わせます。

①は20代の女子学生3人の間で交わされたもの（SF202:16-2-20）で、②は、60代、70代の女性4人の会話（70F101:3-8）です。そして、③は20代の男子学生2人の会話（SM102:28-32-1）、④は70代男性4人の会話（70M101:384-390）から抜き出したものです。そう思ってみると、なんとなく納得できる気もしますが、①の「そのさー」「そしたらさー」などは、男性が使いそうな表現ですし、金水敏さんの『ヴァーチャル日本語 役割語の謎』では「少年語」といわれている「僕」を70代の男性が使っていたりします。

このように年代、性別の異なる話し手による会話をみると、それぞれになんとなく違いは感じられるものの、それほど、はっきりとした違いはみられないことがわかります。

2 性差・世代差はあるのか——会話のテンポは変わるのか？

その他に違いのあらわれるものとして考えられるのは、会話のスピードやテンポです。『談話資料』のデータは文字のデータですから、残念ながら音声を機械的に測ることはできませんが、発話と発話の重なりや、ひとつの発話と発話のあいだにほとんど間がないこと（ラッチング）は、データのなかに記号で示されています。発話と発話の重なりが多かったり、発話間の間がなかったりするということは、会話がテンポよく進んでいることを想像させます。そこで、この重なりとラッチングの数を調べてみました。調べる対象としたデータは、先に例を示した20代学生の男女の会話、70代の男女の会話で、比較しやすくするために、同年代の同性どうしの雑談の談話としました。20代の学生と70代を選んだのは、『談話資料』のデータのなかでもっとも若い世代ともっとも年上の世代だからです。また、談話の参加者数による違いも考慮して、2人の会話と、4人の会話を取り上げました。『談話資料』のデータは原則として各世代6場面ずつのデータが収録されていますので、以上の条件に合う場面をすべて選びましたが、それぞれ1場面ずつでした。ただし、20代学生の男性のデータには、4人での男性だけの談話がなかったので、これだけは3人の男女混合の会話を対象としました。

その結果は、表1に示したようになりました。発話の重なりの数がもっとも多かったのは、70代男性4人による会話でした。でも、それぞれの談話の総発話数は異なりますから、単純に数だけを比べることはできません。そこで、全発話数に対する重なりとラッチングの割合を図1にしてみました。

こうしてみると、重なりやラッチングについては、年代や性別による差というよりも、会話の参加者が2人なのか3人以上なのかによる差のほうが大きいようです。参加者2人の会話を比較してみると、年代・性別による違いはほとんどみられません。

そこで、今度は逆に会話のなかの沈黙の数を調べてみました。『談話資料』のなかには、会話が3秒以上途切れたことを示す「沈黙」と、それ以下の空白時間を示す「少し間」という記載があります。この両者の数を調べ、図1と同様に、全発話数に対する割合で示したものが図2です。

これによると、70代の男性2人の談話では、沈黙や間が多いことがわかります。この談話は重なりやラッチングも少ない傾向にありましたから、ゆったりとしたテンポで進んでいたのではないかと想像されます。けれども実は、この談話はテレビをみながらのんびりとかわされた雑談なので、そういう状況での特徴だとはいえそうですが、年配の男性の特徴であるとはいえません。

表1　重なりとラッチング

協力者	発話者人数	参加者	全発話数	重なり	ラッチング
20代女性	2名	全員女性	482	106（22.0%）	31（6.4%）
20代女性	4名	全員女性	248	70（28.2%）	66（26.6%）
20代男性	2名	全員男性	381	74（19.4%）	48（12.6%）
20代男性	3名	女性2人 男性1名	324	117（34.2%）	34（9.9%）
70代女性	2名	全員女性	313	78（24.9%）	13（4.2%）
70代女性	4名	全員女性	247	55（22.3%）	14（5.7%）
70代男性	2名	全員男性	303	40（13.2%）	29（9.6%）
70代男性	4名	全員男性	464	120（25.9%）	43（9.3%）

図1　重なり・ラッチングの割合

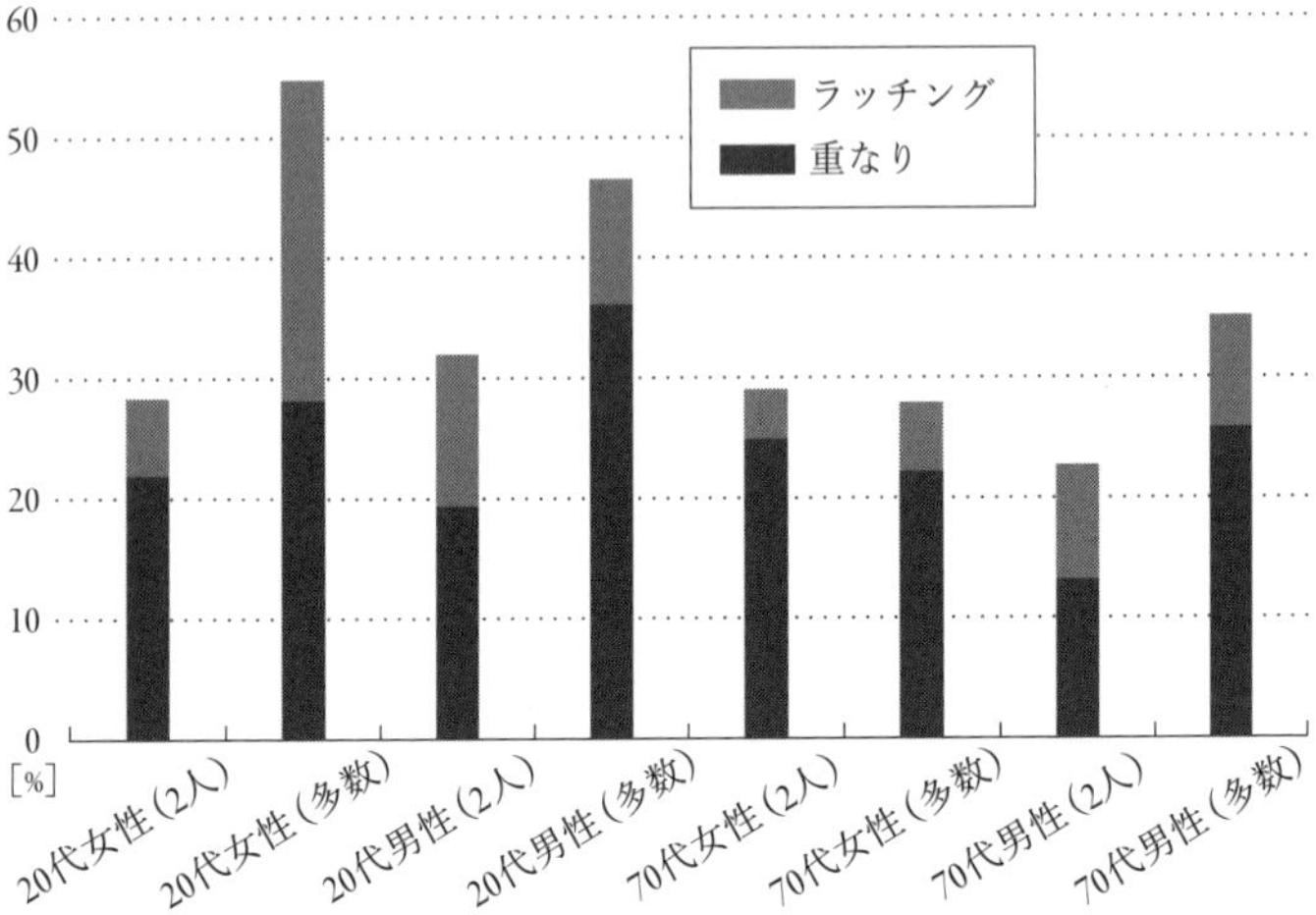

図2　沈黙・間の割合

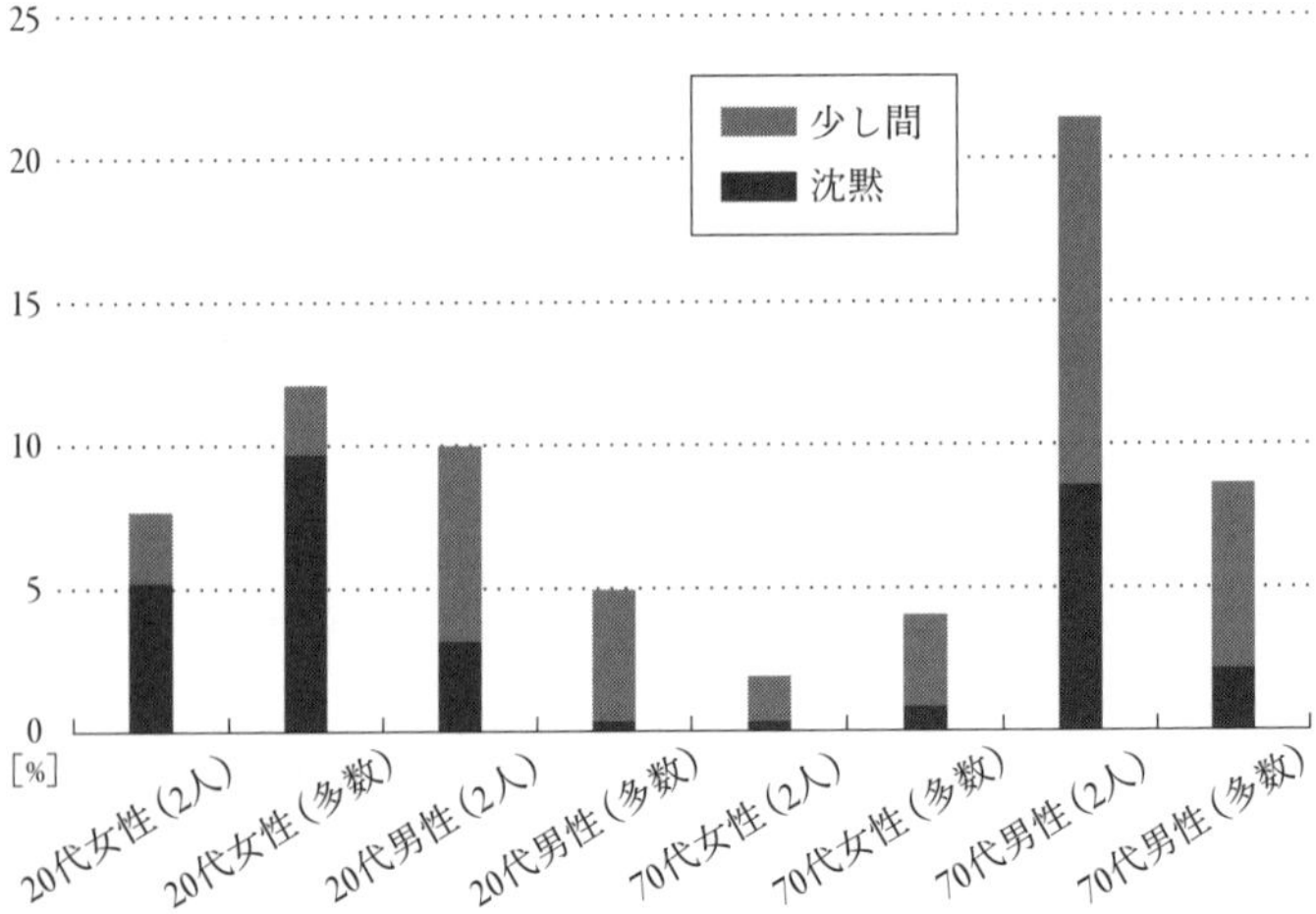

3 日常のことばと役割語

冒頭に述べたように、日本語は男女や職業など、属性の違いによることばの違いがはっきりしており、それは日本語の特徴だとされてきました。たとえば、文化庁の「国語に関する世論調査」では、「男女の言葉遣いに違いがなくなってきていると言われていることについての考え」が尋ねられています。この質問などは、男女のことばに違いがあることが前提とされていて、「男女のことばに違いがあると思うか」ということは調査の対象にもならないほど、日本語の男女差は当たり前ととらえられているのです。

テレビをつければ、ドラマやアニメなどで、登場人物の属性がはっきりわかるような会話が流れてきます。小説や漫画などでも、いちいち性別を明示しなくてもいいようなセリフが使われています。典型的なものでいえば、次のようなセリフです。

⑤ いよいよだわね。どう落ち着いていて。（『エースをねらえ』第8巻）

⑥ ああ、そうだ。きみ、テニスをやめるなよ。（同　第1巻）

有名な少女漫画に出てくるセリフですが、⑤は女性のセリフ、⑥は男性のセリフということはおわかりでしょう。⑤は、女性専用表現といわれる「わ」が使われています。この漫画は１９７３年から１９８０年にかけて少女雑誌に連載されたものですから、そのころはこんなことばが使われていたのだろうと思われるかもしれませんが、そのころ少女だったわたしは、こんなことばを使う人には1度も出会ったおぼえがありません。

このように、じっさいには使われていないのに、「いかにもそれらしく感じてしまう」ことばを、金水敏さんは「役割語」と名付け、次のように定義しています。

ある特定の言葉遣い（語彙・語法・言い回し・イントネーション等）を聞くと特定の人物像（年齢、性別、職業、階層、時代、容姿・風貌、性格等）を思い浮かべることができるとき、あるいはある特定の人物像を提示されると、その人物がいかにも使用しそうな言葉遣いを思い浮かべることができるとき、その言葉遣いを「役割語」と呼ぶ。

（『ヴァーチャル日本語 役割語の謎』２００３年）

この「役割語」にはさまざまな種類があって、たとえば先に例に挙げた⑤は、「お嬢様ことば」です。その他にも『鉄腕アトム』に出てくる「お茶の水博士」が話す「親じゃと？　わしはアトムの親代わりになっとるわい」のようなことばは「博士語」と呼ばれています。

こうした「博士語」などは、『談話資料』のように現実に交わされている会話のなかでは、ほとんどみられないものです。それでも、わたしたちが「わしは…なっとるわい」のようなことばを聞くと、いかにも「お茶の水博士」が使いそうなことばだと納得させられてしまいます。

前述した①～④までの『談話資料』の談話例は、話し手の性や年代によってはっきりとした差がみられるものではありませんでしたが、それぞれなんとなく、話し手の性別や年代が感じられるものでした。「役割語」は、このような日常談話にみられるなんとなくの特徴を選び出して凝縮し、強調したものだともいえます。ですから、現実の話しことばでは使われそうもない表現でも、ありえないものではないと思わされてしまうのです。このように小説や漫画などのフィクションの世界では、「役割語」をもちいることで、登場人物の性格づけをします。受け手も、こうした暗黙のルールを了解して、物語の世界を楽しんでいます。また、自分がなりたい物語のヒーローやヒロインのコスチュームを着て楽しむコスプレのように、「役割語」を使うことで、自分のなりたいキャラクターになりきって楽しむこともできるでしょう。こういった楽しみ方ができるのも、ことばのおもしろさといえるかもしれません。

ところでこの「役割語」は、現実世界では使われていないことばであることを忘れてはいけません。『談話資料』の談話をみると、「役割語」のようにはっきりとした性差や世代差はないことがわかってきます。「役割語」を無批判に受け止めることは、思わぬ差別や偏見につながることにもなります。子ども向けのアニメ番組などでは、外国人のキャラクターが「それはおかしいであるよ」というような舌足らずな話し方をする例がよくみられます。こういった舌足らずなセリフはアジア系の外国人のキャラクターのセリフとして登場します。現実にそのような話し方をする人がいないのに、テレビの画面から流れてくることばは自然に思えてしまい、外国人はそんな話し方をするのだと何も違和感をおぼえなくなっていることはないでしょうか。

また、女の子は「女らしい」ことばを使い、男の子はやや乱暴な「男らしい」ことばを使うといったステレオタイプの押し付けにつながる危険性もあります。そのような危険性を防ぐためにも、『談話資料』の談話データのような現実の話しことばをみて、実際に話されていることばがどのようなものなのか見つめ直すことが必要なのではないでしょうか。

（本田明子）

コミュニケーション編

第八章

「この本、おもしろいっていうか」という心理

1　「てか」「っていうか」——使用する若者・敬遠する高齢者

第六章では、特に高齢者語のような語彙はないし、外来語の使用についても年代差ではなくて話題の差だとみてきました。第七章でも発話の内容からは年代差はなくなっていることをみてきました。しかし、ことば遣いや表現法で年代差が広がってきているものもあります。「てか」「っていうか」もその1例です。

ある時、電車の中でわたしが「混んでいたのに座れてよかったね。」と知り合いの若者に話しかけたら、「てか、前の人のかばんが邪魔でさあ。」と、「てか」で返され、自分の発言がさえぎられたように感じたことがありました。また、「この本、おもしろい。」と言えばいいところを「この本、おもしろいっていうか。」とわざわざ「っていうか」をつけて話してくる若者にも違和感を覚えたことがあります。こうした言い方を敬遠する高齢者は少なくないのではないでしょうか。ところが、最近若者の間に、こうした発話の冒頭に「てか」をつけたり（発話頭の「てか」と呼ぶことにします）、発話の最後に「っていうか」をつけたり（発話末の「っていうか」と呼ぶことにします）する言い方が使われています。

本来は、「というか」の形で使われているもので、『談話資料』にも、

①　沖縄もさー、土日で遊びに行くぶんにはさー、ちょっと、ねえ、日にちが足りないというかさ、中途半端になりすぎだから。（40代女性　40F101:120）

のような例があります（傍線は筆者、以下同じ）。この表現は、発話中に使われ、『教師と学習者のための日本語文型辞典』（１９９８年）では「人やできごとに付いて印象や判断を挿入

的に述べるのに用いる」と書かれています。この言い方が現在では「っていうか」「てか」に移ってきています。

2　今と20年前の「っていうか」「てか」

この「っていうか」「てか」の形はどのように増えてきたのでしょうか。今の状況と20年前の状況とを比べてみることにします。20年前の実態は『女性のことば・職場編』（１９９７年）（以下、『女・職』とします）で調べて比べることにします。このふたつの資料に基づいて**表1**にまとめてみます。

今の「っていうか」「てか」

『談話資料』には、このような語として「っていうか」「ってゆうか」「てゆうか」「ってゆか」、「てか」「ってか」があり、「いう」と「ゆう」も聞き分けていますが、「い」と「ゆ」には意味の違いはありませんので、ここでは「ゆう」は「いう」に代表させることにします。そ

表1 『談話資料』『女・職』の「っていうか」「てか」

	『談話資料』		『女・職』	
語形	っていうか	てか	っていうか	てか
計	28	20	2	0
発話頭	2	20	0	0
発話末	26	0	2	0
10代	1	1	0	0
20代	15	10	0	0
30代	3	7	1	0
40代	7	2	1	0
50代	1	0	0	0
60代	0	0	0	0
70代	1	0	0	0
男	9	11	0	0
女	19	9	2	0

の他、「というか」「っちゅうか」「っつうか」「か」などもみられます。表1にはいちばん多く使われている「っていうか」と2番目の「てか」を示しておきます。例としては、次の②③のようなものです。

② 初めてそういう、すごい、あ、何か意外と別に好きな人は好き、っていうか。
（20代女性 20F102:111-1）

③ てか、僕より多いと思う、絶対。
（30代男性 30M303:21）

また、「っていうか」「てか」は発話頭と発話末あるいは使う人の年代や性によって使用に差があるのでしょうか。

『談話資料』では、「てか」は発話頭に多く、「っていうか」は発話末に多いというように使い分けられています。

発話頭の「てか」の使用には20代が最も多く、30代がそれに続き、40代はわずか、50代から70代の高齢者にはまったく使われていません。「てか」は20代、30代の若者が主として発話の冒頭で使う若者ことばと考えられ、女性よりも男性に好まれるようです。

発話末の「っていうか」も20代から40代の若者、女性に多く、50代から70代の高齢者にはわずかしか使われていません。発話末の「っていうか」も若者ことばと考えられます。

20年前の「っていうか」「てか」

発話頭の「てか」と発話末の「っていうか」は以前から使われていたのでしょうか。表1の右側を見てください。

20年前の『女・職』には「っていうか」は2例しかなく、それも発話末に使用されているだけです。④⑤の例がそうです。

④ それでまたそれを、それの生クリームが、こうベタッとしてて、大きくて、量、量もね、大味っていうか。（40代女性 10739）

⑤ ◯◯さんねえ、あのねえ、ひんしゅく、ひんしゅくっていうかねえ。（30代女性 11351）

発話末の「っていうか」は30代、40代の若者、それも女性のほうに使われています。50代、60代、70代には使われていません。注目すべきは、20年前には「てか」が発話末はむろんのこと発話頭にはまったく使われていなかったということです。若者たちが「てか」を発話頭に使うようになったのは最近のことなのです。

3 発話頭の「てか」の表現効果

自己発話を受ける発話頭の「てか」——先行の自己発話の補正

⑥はアメリカ在住の30代の男性AとBの会話です。Aが最近引っ越した××［地名］が話題になっています。

⑥ B：××［地名］も全然、治安いんでしょ？↗

A：治安はいいよ。

A：うーん、てか、家ばっか。

(30M303:79–81)

××［地名］について治安がいいのかと聞くBに対して、「治安はいいよ。」と応じたAですが、すぐその直後の自己発話の冒頭で「てか、家ばっか。」と言い直しています。この発話頭の「てか」は先行の自己発話を受け、そのあとでそれを補正するために使われています。

相手発話を受ける発話頭の「てか」――
相手発話を柔らかく受けて、意見や軽い異論・反論を述べる

⑦は20代男子学生AとBが、4年次の学生生活の忙しさについて話しています。

⑦
B：え、4年生になったら、一気に忙しくなるんですか？↗
A：ああーーー、俺は。
B：それって学部によるんですか？↗
A：何か、やっぱ、教職とかによるんじゃない？↗
B：ああーーー、教育学部は、忙しくなるみたいな？↗
A：え、てか、教育実習↗、文学部でも、教育実習がある人はー、忙しんじゃない？
(SM202:5–10)

先行の「教育学部は忙しくなるみたいな？」と言うBの発話を、Aは「てか」で柔らかく受け、そのあとで「文学部でも教育実習がある人は忙しいいんじゃない？」と軽く反論しています。
⑧は同じく20代男性AとBの会話です。

⑧
A：あのねえ、どの仕事でも大変って思うしかないかもね。
B：てか、まあ、どこにでもありますからね、いいとこ悪いところは。
A：そうそうそう、まあ、そうなんだけどね。
B：一難あっても、いやなと（＝嫌なところ）があったって、それを乗り越えれば安定給ですからね。
A：まあね、年金もね、60歳で出るしね。
（SM202:209-213）

先行の「どの仕事でも大変って思うしかないかもね。」というAの発話を、Bは「てか」でやんわりと受け、そのあとで「どこにでもありますからね、いいとこ悪いところは。」と軽く自己の意見を述べています。次の発話で「嫌なところがあったって、それを乗り越えれば安定給ですからね。」とさらなる異なる意見を述べても、相手は「まあね」と応じて、会話はなごやかに進んでいきます。

神永曉さんの『悩ましい国語辞典』（２０１５年）では「つーか」の項目で、「会話をしていてこれらの語を使うと、まるでその直後の自分の発言を否定しているように聞こえてしまう」とあります。確かにそのように受けとる高齢の人もいるでしょう。しかしこのAとBとのなごやかな会話の流れをみると、20代の若者の意識には「てか」は相手の発話を否定するほどのものではなく、意見や軽い異論・反論を述べるための便利な道具となっています。

⑨は40代の夫Aと妻Bがテレビをみているときの会話です。

⑨　B：なーんでこんなテレビの音、ちっちゃくしてんの？↗、聞こえない。

A：うん、こっちに…、聞こえるよ、いつも「うるせえ、うるせえ」つってるくせに。

B：てか、あまりにもちっちゃいよ、音が。

A：〈フハッ（笑い）〉。

B：〈ハッ（笑い）〉聞こえないよ、これじゃ。

A：CMだからい（＝いい）んだよ、別に。

B：そうなのか。てか、どんなテレビを見ているのかを知りたいのかもしれないよ〈アハ〈笑い〉〉［談話録音のことを言っている］。

A：んなわけ、ねえだろ？［笑いを含んだ声で］。

(40M202:74-77,79-86)

テレビの音を大きくしてくれるように頼んでも、「いつも「うるせえ、うるせえ」つってるくせに。」ととりあわない夫Aのことばに、妻Bは「てか、あまりにもちっちゃいよ、音が。」と「てか」を使って軽く言い返しています。次の夫の笑い声からこの「てか」が相手の発言を否定するほど強いものでないことがわかります。さらに妻Bは夫Aの「CMだからいんだよ、別に。」という発言に、「てか、どんなテレビを見ているのかを知りたいのかもしれないよ〈アハ〈笑い〉〉。」と笑いながら再度「てか」を使って柔らかく自分の主張を通そうとしています。発話頭の「てか」はこのように相手発話を否定するほど強くなく、柔らかく自己の言い分を通そうとするために使われています。

4　発話末の「っていうか」の表現効果――非断定表現・婉曲表現

⑩は20代女性AとBの会話で、友人Cを話題にしています。

⑩　B：あ、じゃあ、伸ばすのが駄目なんじゃない↗。
A：「わたしはさー↗」、みたいな。
B：何かちょっと、上ずってる感じで言うから。
A：うん、そうそうそうそう。
B：何か落ち着かないっていうか。
（20F102:11,14−17）

「わたしはさー」のように語尾を伸ばすCの言い方が嫌だと言うAの発言に応じて、Bも「何か落ち着かないっていうか。」と同調しています。ただ「落ち着かない。」と言い切らないで、「っていうか」をつけて断定を避け、表現を柔らかくしています。

さらにAとBの会話は同じくCを話題にして⑪のように続いていきます。

⑪　A：笑いのツボとかすごい似てるし、おもしろい、すごい。
B：へえ、Cさん？↗
A：人、人の扱い方がうまいっていうかね。

(20F102:93,95-97)

Aは C の性格については「笑いのツボとかすごい似てるし、おもしろい」と言っています。「へえ、Cさん？」というBの反応に、「人の扱い方がうまいっていうかね。」と返しています。「人の扱い方がうまい。」で言い切ると強く断定した言い方になってしまいますが、「っていうか」をつけて返せば、相手に柔らかく婉曲的に伝えることができます。このような発話末の「っていうか」は非断定表現・婉曲表現とみてよいでしょう。

以上、発話頭の「てか」は先行の自己発話や相手発話を受け、そのあとで補正をしたり、意見や軽い異論・反論を述べたりするために使われています。否定するほど強くなく、柔らかく自己の言い分を通そうとするための「てか」です。発話末の「っていうか」は、はっきり言い切らないで、断定を避け、柔らかく、婉曲的に伝えるための表現です。どちらも『談話資料』では20代、30代、40代の若者に使われ、50代以上の高齢者にはほとんど使われていません。若者と高齢者との間にはその使用に大きなギャップがみられます。

今どきの若者は発話頭の「てか」や発話末の「っていうか」を円滑な人間関係を築くためのコミュニケーションの道具として使っているようです。人とのつながりを求め、仲間はずれを恐れる若者ははっきりとした否定や断定的な言い方を避けるようになっています。他方、発話頭に「てか」や発話末に「っていうか」を使われると、円滑なコミュニケーションどころかむしろ会話がかみ合わない、あいまいな表現よりははっきりとした言い方のほうがいいと思う高齢者は多いようです。若者の心理と高齢者の心理とは大きな隔たりがあります。今後、発話頭の「てか」や発話末の「っていうか」は若者ことばとして定着していくのでしょうか。それとも一過性の若者ことばで終わるのでしょうか。

（中島悦子）

第九章

「クレームつけるぞ」を「クレームつけるぞ、みたいな」という心理

1 発話末の「みたいな」——若者に好まれるが高齢者にはいらっとくる

第八章の「っていうか」と共通している部分が多いのですが、ここでも若者が好む表現「みたいな」について考えてみます。

「クレームつけるぞ、みたいな。（20代男性 SM201:128）」というような、発話の最後に「みたいな」をつける表現（発話末の「みたいな」と呼ぶことにします）を最近若者がよく使ってい

るのを耳にします。「クレームつけるぞ。」で言い切らずに、そのあとに「みたいな」をつけるこうした言い方に60代の友人は「いらっとくる」と言います。

しかし、この発話末の「みたいな」は話し手が断定を避けるために、言い方を和らげる非断定表現・婉曲表現（あいまい表現とも言います）ととらえることができるのです。この場合「みたいな」のついた発話から「みたいな」をとっても発話の基本的意味が変わらない場合です。「クレームつけるぞ、みたいな。」から「みたいな」をとって「クレームつけるぞ。」と言っても意味は同じなのです。

「みたいな」は、次のような推量や比況・例示が本来の用法とされます（傍線は筆者、以下同じ）。

① 彼女もさ、あのー、体ももちろん悪いんだけどー、もう、何か、気持ちが今すごく落ち込んでるみたいだねえ。（70代女性 70F202:219）

推量の用法

② もうネズミみたいに速いね。（70代男性 70M202:125）

比況・例示の用法

発話末の「みたいな」とは次のようなものです。

③「俺、洗脳されんの？」みたいな。（20代男性 SM201:196-2）

④「何パクってんだよ」みたいな。（20代女性 SF201:65）

『談話資料』では発話末の「みたいな」がたくさん使われており、推量や比況・例示を圧倒しています。もはや発話末の「みたいな」は、違和感のある言い方だとか本来的な使い方ではないなどとは言ってはいられない現状なのです。

2　発話末の「みたいな」の使用状況——今と20年前との変化をみる

『談話資料』中の発話末の「みたいな」は20代に最も多く使用されています。30代から50代はその3分の1程度の使用ですが、60代、70代には使用されていません。若者と高齢者とではその使用に大きな偏りがみられます。60代、70代は男・女ともに推量や比況・例示の「みたい」は使っていますが、発話末の「みたいな」は使っていません。発話末の「みたいな」は高齢者にとっては違和感のある言い方のようで使われていませんが、20代の若者、特に女性に圧倒的に多用されているというのが今の実態なのです。

では、発話末の「みたいな」は以前から使われていたのでしょうか。前章と同じ『女性のことば・職場編』（1997年）（以下、『女・職』とします）をみてみます。

『女・職』の発話末の「みたいな」とは次の⑤⑥のような例です。

⑤ ちょっとお願いねー、みたいな。（20代女性 13B:7226）

⑥ ゆうねえ、勢いで、入ってみたら、えっ↗〈笑い〉、みたいなね。（30代女性 15A:6602）

20年前の『女・職』には発話末の「みたいな」はあまり使われていません。20代、30代の若者でも使用は少なく、40代もわずかですし、50代以上にはほとんど使われていません。20年前は若者でも発話末の「みたいな」はあまり使っていなかったのです。発話末の「みたいな」は20年前と今とではその使用に大きな変化がみられます。

なお、**表1**に『談話資料』と『女・職』の発話末の「みたいな」の年代と性の使用数を示しておきます。

表1 『談話資料』『女・職』の発話末の「みたいな」

	『談話資料』	『女・職』
語形	発話末の「みたいな」	発話末の「みたいな」
計	176	20
10代	1	0
20代	99	5
30代	23	10
40代	30	4
50代	23	0
60代	0	1
70代	0	0
男	48	2
女	128	18

3　会話にみる発話末の「みたいな」の表現効果――非断定表現・婉曲表現

⑦

⑦は20代女性Bが友だちの20代女性Aから恋愛相談を受けている会話です。

B：多分、それがDVなんだと思う。だってさ、暴力とかもさー、普通に考えたらさー、思うじゃん、そんなの駄目だよ、みたいな、それどんなことがあっても駄目だよ、みたいなさー。
A：うん。
B：でも、受け入れちゃう人がいるわけじゃん、要は。
A：うん。
B：全部同じ、物差しでは測れないからー。だから、他人から、他人が、第三者が言ってることがすべて正しいわけじゃないんだけどー、自分だけだとちょっと冷静になれてないとこがあるみたいな。
(20F101:5–8, 13)

このやりとりでBはAにそれはDVではないかと助言しています。「だってさ、暴力とかもさー、普通に考えたらさー、思うじゃん、そんなの駄目だよ、みたいな、それどんなことがあっても駄目だよ、みたいなさー。」など、Bは「みたいな」を連発してAに助言しています。Bは「そんなの駄目だよ」という言い切りでは自分の助言が断定的・直接的すぎると思ったのでしょう。発話末に「みたいな」をつけることによって断定を避け、婉曲的に述べることで、Aに対する配慮をしたのです。

「みたいな」を多用するBの、Aとの同じ場面での会話をもう少し追ってみましょう。

⑧ A：でも、そうすると、すごいあたしが性格悪いみたいな感じでののしられるんですけど…。
B：だから、ののしるのよくないよ、みたいな〈フフ（笑い）〉、それ駄目よって〈アッハッハハ（笑い）〉、そうゆうこと人にしちゃ駄目だよーって〈笑い〉。

(20F101:48,49,50,51)

「ののしられるんですけど…。」と訴えるAに、Bは「それ駄目よって」と言っています。ほとんど同じような意味のことを、Bは⑦では「それどんなことがあっても駄目だよ、みたいなさー。」と言い、⑧では「そうゆうこと人にしちゃ駄目だよーって。」と言っています。「ののしるのよくないよ、みたいな」も「ののしるのよくないよって」と言うことができるのに、Bは「みたいな」を使っています。

こうした若者の「みたいな」の乱用に眉をひそめる高齢者もいるでしょう。そんな高齢者の苦情などおかまいなしに若者たちが「みたいな」を多用しているのはなぜでしょうか。それは発話末に「みたいな」をつけることによって、表現を和らげる効果を出せるからなのです。友だち関係を円滑に保つためには表現の婉曲化が必要だったのです。

発話末の「みたいな」は50代にも使われています。⑨は50代男性B（大学教師）と30代女性Aとの食事中の会話です。琴の先生の授業の評判の良さについて話しています。

⑨　B：すごい、あの、あれ、今までで一番おもしろかったたって言ってる。
　　A：ええ、本当？↗
　　B：うーん、「じゃ僕の今までの授業は何だったの？↗」とかって聞くと、「いや、それはそれで」みたいな〈笑い〉。
　　A：やばい、みたいな〈笑い〉。

B：そうそうそう［笑いながら］。
A：「フォローしなきゃあ」みたいな〈笑い〉。
B：まあ僕はその、頼んだ先生がやってたわけだから、「へえー、じゃ今までのは全然おもしろくなかったんだー」とか言って、「いや、それはそれでー」みたいな〈笑い〉。
(30f102:122-127,129)

琴の演奏体験の授業が一番おもしろかったという学生に、「じゃ僕の今までの授業は何だったの？」と聞く50代の男性教師Bは、「いや、それはそれで。」という学生の発話をそのまま引用して30代の相手Aに伝えてはいません。「「いや、それはそれで」みたいな。」と引用発話に「みたいな」をつけて相手Aに伝えています。「みたいな」をつけることで、伝えたい発話内容を直接的でなく相手に伝えることができるのです。この引用発話のあとの「みたいな」も断定を避け、婉曲的に述べる効果のある表現となっています。相手Aの「やばい、みたいな。」「「フォローしなきゃあ」みたいな。」における発話末の「みたいな」も後に続く笑いとともに会話をなごませています。
発話末の「みたいな」は現在若者ことばとして定着しつつあるようです。コミュニケーション上の効果的なテクニックとして使われているようですが、反面責任逃れの感も否めません。実際『談話資料』では60代、70代の高齢者の使用例はありません。高齢者が聞くとイラッとくる人が多いのもそのせいでしょう。今の若者が年をとった時、やはり「クレームつけるぞ、みたいな。」と言うでしょうか。若者ことばは高齢になっても使う人が多くて一般語になる場合と、若者ことばだけで死語になる場合がありますが、これはどちらの道をたどるのでしょうか。

（中島悦子）

第十章

コミュニケーションの極意1
――ほめと、ほめへの応え方

1　ほめている？　責めている？――あなたの発する評価の受け取られ方

ほめられたら謙遜して否定するのが日本語での美徳と言われています。そんな常識を覆すエピソードが、2009年7月11日の『朝日新聞』「京町家の異邦人［一を聞いて十を知る文化］」という記事で紹介されています。以下はその抜粋です。

ジェフ・バーグランドさんは京都以外の土地に講演に呼ばれたとき、よく持ち出す京都らしい話がある。

「坊ちゃん、ピアノ上手にならはったなあ」。近所のおばあさんからそう言われたら、どう応じるか。普通は「いや、そんなことないです」。だが、京都の人は違う。「やっぱり聞こえていたんでしょう。ご迷惑をおかけしまして」

苦情を言うにも京都のひとは直接は伝えない。音や振動という近所のトラブルでも、その家の大工さんが隣の大工さんに伝えて解決するという。当人同士は通りで出会っても「暑おすなあ」「よう降りますなあ」と、あいさつだけしてやり過ごす。

京都在住44年。さすがに京都人をよく観察している。日本は「一を聞いて十を知る」受信力中心の文化だというのがジェフさんの説だ。京都人はその典型。近所の人の気持ちを読みとれなければ京都人にあらずというわけだ。

ほめられたときには、まずは額面どおりに受け入れずに謙遜するのが日本の文化に沿った話し方ですが、そのとおり謙遜したのでは、的外れな返答になる場合もあるということに驚かされます。この話では、自分の息子のピアノがほめられているようで、実は非難されていることを敏感に察知した聞き手は、即座に謝罪したわけですが、ではこの後はどのような会話が続いたのでしょうか。おばあさんは謝罪を受け入れ、「いえいえ、気にしないでください。確かにもう少し小さい音で練習してくださったらありがたいですが。」というような形になるのか、あくまで自分は本心からほめていたのだという姿勢を通し、「そんなことは全然ありませんよ。本当によくがんばっていて感心しているんです。今度ゆっくり聴かせてくださいね。」と応援してみせるのでしょうか。

京都の複雑なほめことばはひとまずおいて、一般にほめられたらどう対応するのでしょうか。Ishihara & Maeda (2010)（以下、I&M）は、ほめに応えるときのストラテジーを12挙げているのですが、次はそのうちの代表的な5つです。

a　相手に同意する
b　（ほめられたことに対して）肯定的なことを言う
c　（ほめられたことに関する）情報をさらに提供する
d　謙遜する
e　（ほめられたことに対して）冗談を言う

通常、dの「謙遜する」だけがほめられた場合の対応の仕方であるかのように思われがちですが、この京都でのエピソードの場合は、「謝罪」という、ここでは挙げられていない応答の仕方が正解だったことになります。また、実際の会話を観察してみると、d以外に挙げられている用法をはじめ、他にもいろいろな応答の仕方があるということがわかります。

人をほめるのも、うわべだけではお世辞ととられたりもしますし、ポライトネスとも関連して、「上手に」話さないと人間関係を壊してしまうおそれがあります。相手とのよい人間関係を保ちつつ、自分の言いたいことをうまく伝え、説得したり同意をとりつけたり、相手にしてほしい行動を促すにはどうすればよいのか、その秘訣がほめたりほめに応える場面にあるのではないかと考えて、『談話資料』を基に探ってみます。

2　ほめるとき・ほめに応答するときのストラテジー

ストラテジー1：親しい間柄では自分の身内をほめることができる

日本人は、ウチ、たとえば自分の家族や自分の会社の同僚といった人たちのことを、ソトに属する家族以外の人、社外の人に対してほめないということが一般的に言われています。しかし、『談話資料』では、自分の家族を家族外の他者にほめる場面がみられます。小学校時代からの親しい友人どうしである女性A（30代女性）と男性B（30代男性）とが話していて、Aが自分の母親についてほめている会話です（傍線は筆者、以下同じ）。

①
A：うちの母親も今、働いててさ。会社を作ったのね。介護保険の関係。
B：すごいね。
A：すごいよ。超パワフル（笑い）。だってさー、朝5時ぐらいに起きてね、朝6時半ぐらいには、もうトンカツ作ってんだー。
B：あ、そうなんだ。
A：お昼ごはんなんだけど。それで、8時半から仕事始めてさー、それまでに洗濯とか全部終えてね。すごいなあと思って。朝、7時にトンカツができてる。
B：ねえ、トンカツ。ハハハ（笑い）。
A：だから、すごいなあと思って、朝から揚げ物するって。
B：すごいねえ。あれ、でもさー。

A：それがおいしいんだけどさー。
B：ああ、食べてるんだ（笑い）。
A：食べてる、食べてる、朝ご飯としてね。へへへへ（笑い）。
B：早っ（笑い）。
A：朝も昼も食べたけど。すごいよなあ。できないよ。それだったら、寝てるもん。
B：そうだよねえ。絶対楽なほうにいっちゃうもんねえ。
A：だったら、朝7時に起きるよ、わたしは。7時前にトンカツ揚げるより。
B・A：ハッハッハッハ（笑い）。
B：すごいねえ。
A：ほんと、うちのお母さん、パワフルです。

（30F203:48–93）

日中は在宅で仕事をする母親が、早起きして家族のために洗濯などの家事をし、7時前にはトンカツも作り終わっているということをAは終始賞賛しています。実は「すごいね」と、初めに母親をほめたのは聞き手であるBのほうなのですが、Aは身内へのほめを否定することなく、相手の言ったことをそのまま繰り返し「すごいよ」と応じています。これは、I&Mのa「相手に同意する」に当たります。それに付け加えて「超パワフル」と、バイタリティあふれる母親をさらにほめて、具体的にどうすごいのかを早朝からトンカツを揚げることを代表例として挙げています。これは、I&Mのb「ほめられたことに対して肯定的なことを言う」の例ととれます。その後、「あれ、でもさー」とほめをトーンダウンする内容をBが言いかけますが、おそらく「朝から揚げ物は食べないのではないか」という批判だろうと察したAは「おいしいんだけどさー」と朝から食べていることを述べて、婉曲に反論しています。その後、自分だったらそんなに早い時間からトンカツを揚げるより寝ていたいという希望を言い、まとめとしてBが「すごいねえ」と冒頭のほめを繰り返し、Aは「ほんと、うちのお母さん、パワフルです」と「超パワフル」を言い換えて表現しています。ここで特筆すべき点は、それまで普通体のみでカジュアルに話していたAが突然丁寧体である「です」を使っているということです。これによって、改めて母親の偉大さを強調すると同時に、ここでこのほめのトピックが終了するという区切りを示唆する意図があると思われます。このように、家族というウチグループに属する人のことを、ソトグループの人に向かってほめるというのは、相手との距離が近く、親しく、信頼関係が築けている場合には、現代では十分に成立するストラテジーのようです。

ストラテジー2：親しい間柄では自画自賛も可能である

会話①は、ウチグループ・ソトグループの間での会話でしたが、ウチグループに属する者どうしが話している場合にはどんなほめ方がみられるでしょうか。会話②は、20代の姉が、同じく20代の弟に宮古島の旅行で撮った写真を見せながら話をしている場面です。親しい姉弟どうしの間柄では自分を大げさにほめても構わないというストラテジーがみられます。

②

姉：いい笑顔でしょ？
弟：宮古一だ。
姉：いい笑顔でしょ？
弟：いい笑顔だねえ。
姉：マジこれねえ、ベストショット、あたしの。
弟：ベストショット。ハハッ（笑い）。

(20M202:7–12)

自らの写真の笑顔の素晴らしさを、「いい笑顔でしょ？」と繰り返し強調し、押しつけるように同意を求め、要求どおり「いい笑顔だ」という評価を相手から取りつけたあとで、さらにその写真が今まで撮った写真の中で一番いい笑顔だと追加情報を提示しています。これは、I&Mのc「情報をさらに提供する」例ととれます。このように、相手にほめを要求し、ほめられた場合にさらに自画自賛ともとれるようなコメントをするというストラテジーが、親しい家族間においてはみられるようです。

ストラテジー3：ほめには事実の列挙や冗談で対応する

会話③は、50代の女性教員と、その教え子である20代の女子学生が、就職活動について話している場面です。ウチ・ソトの関係であるだけでなく、師弟関係にあり、上下関係も明白なのですが、教員にほめられても、学生は謙遜せずに受け入れ、それが恩師のお陰だということについて、きちんと感謝を述べるのではなく、冗談めかして述べています。

③ 教師：でも、ほんとに70件も面接行ったの？
学生：行きました。
教師：すごーーい。

学生：エントリーシート、結構通ったんですよ。
教師：うん、だから、あたしもあれを聞いたときに、80出して、70面接に行ったたってのは、ね、書類が通ったってことだから、すごいねって思ったの。
学生：通りました。
教師：ふうん。
学生：先生のおかげで。
教師：ええ、何で？　ハハッ（笑い）。あ、添削？
学生：添削してもらったたって（笑いながら）。
教師：ハッハッハ、ハッハッハッハッハッ（笑い）。
学生：でも、キャリアセンターの方とかに、見せるとー、「え、これが通ったの」ってよく言われます（笑いながら）。
教師：ハハハハッ（笑い）。

（50F103:216–229）

70社から面接に呼ばれたことについて、「すごい」というほめことばを受け、それ自体については学生は直接肯定も否定もしません。ただ、すでに70社に面接に行ったことは、「行きました」と説明しているにもかかわらず、再度「エントリーシート、結構通ったんですよ。」、「通りました」と述べ、70社訪問したことを単に言い換えただけの事実を列挙して伝えています。教員は、繰り返し「すごい」と言ってほめますが、これに対して、「事実」のみを言い換えて応答し続けるというのは、自画自賛につなげるわけでもなく、卑下するでもなく、ニュートラルな空気を醸し出すという、これまでには言われていない新しいストラテジーのように受け取れます。この後、学生はほめられる立場からほめる側に立場を切り替えます。面接までたどりついたのは「先生のおかげで」と感謝を述べて教師の添削の効果を称えながらも、その直後で、教師が添削してくれたエントリーシートはキャリアセンターの人には「これが通ったの」と、その添削内容がけなされると冗談を述べています。これについて、教師は笑って対応しています。この会話は、学生と教師の日ごろの関係が良く、信頼関係があるからこそ成り立っていると言えるでしょう。なぜなら、学生は、ほめてくれた目上の立場の教師のことを、最終的にけなすような形でのジョークを述べているからです。このように、ほめを受け入れたり、否定するのではなく、事実のみを挙げて対応したり、相手をけなすような冗談を言ってみるというのは、ほめられ続ける気恥ずかしさを回避し、相手とより良好な関係を築く効果があるのではないかと考えられます。

ストラテジー4：人に何かをしてほしいときにはまずほめる

会話④は、40代の親しい女性の友だちどうしの会話です。A（40代女性）は化粧品販売の仕事に携わっているのですが、接客の際に、化粧のしかたを改めたほうがいいと助言するとき、いきなり否定するのではなく、まずほめるというストラテジーを使っていることをB（40代女性）に対して説明しています。

④　販売員：ただねえ、それを、その、ちゃんとできるようになるまでアドバイスしてあげることが大事だと思う。だからね、「ああ、今日かわいくチーク入ってるねえ」とかって「そうなんですー」とかってね、ちょっと修正してあげる。「もうちょっとこうするといいよ」って、それが、やっぱ繰り返していくことで、やっぱり肌ステージが上がって。

友人　：うん。

（40F201:127–130）

ここでの販売員のお客さんへの発話には、相手の化粧のしかたを直すという目的があるのですが、いきなりそれでは始めずに、最初に「チークがかわいく入っている」と良い部分をほめて、お客さんが「そうなんです」と同意したところで、直したい部分を実際に修正して見せ、「もうちょっとこうするといい」と最後に口頭でアドバイスすると述べています。その際の助言のしかたも「もうちょっと」と婉曲表現を使って柔らかく伝えており、「Xではだめだ」というようなきつい言い方はしていません。このように、まずは相手をほめて自信を持たせた上で、課題を提示すると、受け入れられやすいのかもしれません。このストラテジーもこれまでには言及されていないものです。

ストラテジー5：ほめは相手との距離を縮める

会話⑤は、50代の男性（以下「依頼主」）が、40代のパソコン修理業者の男性（以下「修理者」）に、自宅にパソコンを修理しに来てもらったときの会話です。修理者が、午後11時過ぎには寝て、6時半過ぎに起きる規則正しい生活をしていることについて、依頼主がほめている場面です。これも完全にウチ・ソトの会話で、依頼主と業者という上下関係はありますが、お互いほとんど知らない間柄です。

⑤

依頼主：大体お兄さん、朝、何時に起きて、何時に寝る？。

修理者：うちは、わたしは基本的にはねえ、えー、まあ、ま、別に何時に、そんな、大体6時半から、

依頼主：おうー。

修理者：7時半ぐらいの間だったですね。

依頼主：おう、おう、じゃあ、夜寝るの何時？

修理者：夜寝るのは大体11時から、12時半ぐらいだと思いますよ。

依頼主：おうー、何か、人間らしい生活してるじゃないですかー。

修理者：そうですね。

依頼主：すごいじゃないですか。

修理者：そうですね。規則正しく。

依頼主：規則正しく、まあ、わたしも規則正しいけど、規則正しく10時に起きて、規則正しく3時ごろ寝てるんだけど。

修理者：まあ、まあ、それは全然自分の、規則ですからね、大丈夫。

(50F301:169–180)

依頼主は、何時に起きて何時に寝るのかを修理者に尋ねるわけですが、自身はいつも朝遅く10時に起きて、深夜3時に寝るという通常よりもかなり遅寝遅起きの生活をしているという前提があります。相手は日中仕事をしていることを考えると、そのような生活はしていないだろうという予測のもと、質問をした可能性が高いと考えられます。つまり、この2人の親疎の度合いが遠いことを考えると、相手をほめて少しでも近づきたいという意図があるように思われます。修理者が11時には寝て6時には起きる生活をしていると聞くやいなや、「人間らしい生活をしている」とほめ、それに対して相手が「そうですね」と応じる姿勢を見せると、さらに「すごいじゃないですか」とほめています。起床時刻を尋ねられたときに、修理者が「基本的に」「私は別に」と言いながら返事をしているところからみても、自分はごく普通の生活をしていると考えていることがわかります。そのため、依頼主から2度ほめられても、「そうですね、規則正しく」と、決められた時刻に就寝し起床していることについてはほめに値するかもしれないが、特別なことではないとしています。それに対して、依頼主は自分も同様に規則は正しいが、深夜に寝て遅く起きる不摂生な生活をしていることを述べ、自分を卑下することで相手の生活スタイルを間接的にさらにほめています。それに対して、修理者は、最終的にそれは自分の中だけの、勝手なルールなので（何時に寝て何時に起きるのであっても）大丈夫だと依頼主を気遣うことばを述べています。この依頼主は初対面の相手との距離を縮め、良い関係を築くために相手のほめに値する点を見つけて積極的にほめています。ほめにはこうした効用もあるのです。

ストラテジー6：ほめは相手を励まし、自信、自尊心を高める

次の会話は、娘が舞を習っている50代の母親が、娘が舞で着るために購入した着物について、50代女性である娘の舞の師匠と、50代女性であるその弟子と話し合っている場面です。母親は、自分には着物を見る目がないと思っており、娘のために買った着物がよかったのかどうか不安で自信がないのですが、相談した師匠も弟子もそろってほめるため、最終的には安堵するという場面です。ウチ・ソトの会話で、師匠とその弟子、保護者という上下関係も存在しています。

⑥ 弟子：まだ仕立てる前でー、売ってたんですか？
母　：はい。
弟子：それはもしかしたら、ほんと、掘り出しもの。
師匠：◯◯さん、上手なんだもーん、そうゆうの。

母　：そうですか？

弟子：ん？

師匠：◯◯さん上手。

弟子：うん。掘り出しもん。

師匠：掘り出しもん。

母　：掘り出しものですか？

弟子：きっと。

母　：いや、でも、その、まあ、柄が…。それでねえ、あのー、届いたのを見たらー、あのー、本人はね、あのー、色も今まで着たことがないしー、エンジ色でね、いいって言って、本人は気に入ってるんだけど、あの、〈少し間〉××［会社名］の着物でした。

弟子：ああーーー、じゃあ、物は確かですよ。

師匠：ほうーーー。

母　：そうですか？

中略

母　：じゃあ、そんなに、変なものではない？
師匠：うん。
弟子：ああ、もう多分大丈夫。
母　：大丈夫ですか。

（50F203:45–83）

母親が購入した着物は仕立てる前の絵羽の状態で売られていたことを述べると、弟子が「掘り出し物」だとほめ、師匠は（着物を選ぶのが）「上手なんだもん」と同調しています。師匠はこの「上手」を二度繰り返しています。その後弟子も冒頭述べた「掘り出し物」をもう一度使い、「掘り出しもん」であることを強調しています。それに呼応して、師匠も弟子のことばをそのまま使って「掘り出しもん」と述べています。母親は不安が強く、ほめられても、「そうですか」「掘り出し物ですか」と尋ねるのみで、その後も「でも、柄が」と否定的なコメントをしています。その着物を作った会社名を言うと、名の知られた会社であったため、弟子が「物は確かだ」と太鼓判をおし、師匠も「ほう」と感心する様子を示しています。最終的に母親は、そこまで2人が言うのであれば、変な物を買ってしまったということはないだろうと確認し、2人が大丈夫だと応えるので、本人も「大丈夫ですか」と受け入れる姿勢をみせています。このように、話者2人が呼応しあって相手をほめることで、相手の不安を解消し、自信をつけていくことにつながっていることがわかります。

3　上手にほめたり、ほめに応えるために

相手をほめることは、うまくできれば、相手に良い気持ちを持ってもらえ、コミュニケーションの潤滑油にもなるでしょう。けれど、下手にほめると、下心があるのだろうか、心にもないうわべだけのお世辞なのではないかと警戒されるおそれもあります。本章では、さまざまなほめ方の例をみてきましたが、そこには従来言われている「ほめられたら謙遜する」とは違うストラテジーも見受けられました。ほめたり、ほめられたりというのは、つまり、評価したり評価されたりすることにつながりますので、非常に難しい言語行為です。プラスの評価がうまく機能すると、直接相手の行動を変える原動力となります。コミュニケーションの極意である、「相手の心に響く話し方」はどのようにすれば身につくのでしょうか。日々まわりの会話

を観察しながら、そこで使われているストラテジーを自分なりに分析してみると何かヒントが見つかるかもしれません。

（高宮優実）

第十一章

コミュニケーションの極意2
——頼みたいけど頼めないあなたへ

1　頼み方は多種多様

みなさんは職場の同僚に事務作業を頼みたいとき、どうしますか。

①「この完成品のように、この白い紙ともうひとつの紙をホッチキスでとめて資料を作ってください」と同僚にしてほしい作業を具体的に指示する。

②「今、ちょっと時間ありますか？　大変申し訳ないんですが、資料作りを手伝っていただけませんか」と丁寧なことば遣いで頼む。

③「ねえ、○○（相手の名前）、一緒に資料作りやらない？　今度、わたしが○○（相手の名前）の作業も手伝うからさ」と共同で作業をしようと誘いかける。

④「こういう資料を作りたいんだよなあ」と完成品を何気なく見せながら、してほしい作業を独り言でほのめかす。

⑤ことばでは指示せず、自分が黙々と作業をし、同僚が自ら手伝ってくれるのを待つ。

こうしてみると、頼み方はいろいろとあることがわかります。①のように、「資料を作ってください」とはっきり指示を伝えれば、相手は何をすればよいのかわかりやすいですが、同僚という対等な立場であることを考えると、上からの物言いのようで、相手は気分を害するかもしれません。かといって、④のようにほのめかしたり、⑤のように何も言わなければ、鈍感な相手だと頼んでいることすら気づいてもらえません。ここで挙げた例では、同僚への依頼ですが、これが義理の父親や会社の上司だったらどうでしょうか。なおのこと、なんと言って頼めばいいのか頭を悩ませるかもしれませんね。

わたしたちの日常生活では、自分が相手に何かを頼まなければならない場面がしばしばあります。反対に、相手から頼まれることもあるでしょう。相手との関係やその場の状況にもよりますが、「人にものを頼むのが得意！」という人は少ないのではないでしょうか。どうして人に何かをしてもらうのはこんなにも気をつかうのでしょうか。本章では、その謎の答えを『談話資料』に出てくるやりとりをヒントに、一緒に考えていきます。

2　人に何かをしてもらうのはどうして難しいのか

この問いに答える手がかりとして、イギリスの言語学者であるブラウンとレビンソン（以下B&Lとします）が提唱した「ポライトネス理論」をご紹介しましょう。この理論で彼らは、人間はどのようにことばを使って配慮を表しているのかについて説明しているのですが、翻訳された本だけでも460頁以上もの膨大な内容なので、ここではざっくりと理論の大枠だけをご紹介します。

B&Lは、人間はだれもがふたつの相反する欲求（積極的面子と消極的面子）を持っていると言っています。

積極的面子（他人に受け入れられたい欲求）⟷**消極的面子**（他人に邪魔されたくない欲求）

このふたつの欲求は対極的なもので、人が誰かに関わろうとすると、相手の他人に邪魔されたくない欲求が満たされませんし、遠ざけようとすると相手の他人に受け入れられたい欲求が満たされないことになります。わたしたちが誰かに何かを話しかけると、相手との関係や状況、話す内容によっては、いずれかの欲求が満たされず、相手か自分のどちらかの面子が傷つけられてしまうのです。たとえば、初対面の人に親しげに話しかけられると違和感をおぼえるのは、他人に邪魔されたくない欲求が侵されているからです。コミュニケーションとは、このような相反する欲求を持ったものどうしの関わり合いの中でなされる調整行動のことなのです。人に何かを頼むことが簡単ではないのは、話し手である自分ではなく、聞き手である相手の他人に邪魔されたくない欲求を侵してしまうからです。

3 頼み方を選ぶときのポイント

しかし、最初に挙げたように、頼み方だけでも何種類もあります。どのように適当な頼み方を選べばよいのでしょうか。B&Lによると、面子を傷つけるおそれがある相手や状況であるほど、自分の要求をはっきりと伝えず、反対に面子を傷つけるおそれがない相手や状況では、効率よく端的に自分の要求を伝えても問題ないと言っています。

面子を傷つけるおそれがある相手や状況とは、「あまり親しくない相手」、「立場や年齢が自分よりも上の相手」、「相手にとって負担が大きいと思われる事柄」をさします。B&Lは、これらの「親疎の差」、「上下の差」、「事柄の負担度」の3つの合計値の大きさによって、次のアからエの4つの方法をとることを提案しています。

これらの方法の具体的な例が、冒頭の5つの頼み方です。①の「資料を作ってください」というはっきりとした指示はアにあたります。②の丁寧なことばを使う言い方は、相手の消極的面子を傷つけないような配慮をしているのでイにあたります。③の共同行為であることや仲間であることを強調した頼み方は、相手の積極的面子を傷つけないような配慮をしているので同じくイにあたり、④はウ、⑤はエにあたります。つまり、同じことを頼む場合でも、相手との関係性やその行為のとらえ方の差によって、頼み方を変えることができるのです。

面子を傷つけるおそれがない場合

ア　効率的にはっきりと伝える
イ　相手の面子をつぶさないように何らかの配慮をしながら伝える
ウ　ほのめかす
エ　何も伝えない

面子を傷つけるおそれがある場合

4　どのような表現を選べばいいのか

右のアかイの方法をとる場合、何らかの表現で自分の要求を伝えなければなりません。具体的にどのような表現を選べばよいのか考えてみます。

次頁の**表1**は『談話資料』のデータを使ったわたしの調査結果で、家族間で何かを頼むときに使われた表現の種類と数です（傍線は筆者、以下同じ）。

表1をみると、「命令・禁止系」とした「動詞命令形＋終助詞よ」（「やめろよ」（40代女性40F101:124））や「動詞連用形＋終助詞な」（「そうしな」（60代女性70M201:244））、「〜しなさい」（「君らが面倒みてやんなさい」（60代男性 30F202:173））のような相手に断ることを許さない強い表現から、「依頼系」とした「〜して」（「お父さん、ミシン買ってー」（40代女性 70M201:225））、「〜してもらえる」（「お醤油買ってきてもらえる？」（90代女性 60F303:77））のように相手が断る余地が残されている表現まで、実にさまざまな表現が使われていることがわかります。

たとえ、親から子であっても、かつての家父長制時代によく聞いたような父から子への「ここに座れ」や「我慢しろ」といった強い命令形を使った表現は、**表1**をみると、「動詞命令形＋終助詞よ」の計4例だけで、ほとんど使われていません。その理由として、沖裕子さんは「談話論からみた命令表現」（2014年）という論文の中で、現代日本では日本型民主主義が普及して、親子の間でもあからさまな命令表現が使われることはめずらしくなり、時代とともに家族関係の在り方とそこで使われる表現が変化しているからだと言っています。

	夫婦		その他の関係性の家族		合計
	妻→夫	夫→妻	年上→年下	年下→年上	
	2	1	1		4
					2
			1		4
			1		2
	6				11
					2
	8	5	15		39
		1		2	5
					1
					1
					1
	2	1	1		15
	5		2		13
	2	1	2	2	11
	1				1

表1　家族間で何かを頼むときに使われた主な表現（『談話資料』219頁の抜粋）

	言語形式	親子		
		親→子	子→親	
命令・禁止系	動詞命令形＋終助詞よ			
	動詞連用形＋終助詞な	1	1	
	〜しなさい	3		
	お〜ください	1		
	〜しなければいけない、など	2	3	
	〜してごらん		2	
依頼系	〜して	8	3	
	〜しないで	2		
	〜してちょうだい	1		
	〜してくれる、など	1		
	〜してもらえる、など	1		
助言・勧め系	〜したほうがいい	4	7	
	〜すれば	1	5	
	〜しないの？	2	1	
	〜したら？			

しかし、これだけ多くの表現があると、どれを選べばよいのか困ってしまいますね。頼み方について研究しているジェフリー・リーチさんや柏崎雅世さんなどの研究では、人に何かをしてもらうときの表現を選ぶには、次のふたつの点が重要だと言っています。

① 利益を受けるのはどちらか：頼みを引き受けることで利益を受けるのは、話し手である自分なのか相手なのか

② 頼みを断ることができるか：相手には、その頼みを断ることができるのかどうか

たとえば、その頼みを聞いてもらうことで利益を受けるのが話し手である自分であり、相手にはその頼みを断る余地がないのであれば、指示がはっきりとした「命令・禁止系」の表現を選びます。「ペン、貸せよ」のような命令形を使った表現などがあります。次に、自分が利益を受ける場合であっても、相手にその頼みを断る余地を与えたいのであれば、「依頼系」の表現を選びます。「そのペン、貸してくれる？」「貸して↗」といった表現は、相手に断る余地を与えています。

では、その頼みをしてもらうことによる利益が相手にあっても、相手にはそれを断ることが

許されていない場合とはどんなときでしょうか。たとえば、あなたが友だちを自宅に招いて、たくさんのごちそうを出すときに、「食べて、食べて」というような場合です。ここでは、「命令系」の表現でも「依頼系」でもその行為で相手が恩恵を受けるので、どのような表現を使ってもあまり失礼にはならないでしょう。最後に、相手が利益を受け、かつ相手が断ることができるときには、「助言・勧め系」の表現を選びます。「寒いから、上着を着たら？」のような表現は、その頼みをしてもらうことによって恩恵を受けるのは相手になりますが、そのことをするかしないかは相手が決めることができる表現です。まとめると、下の**表2**のようになります。

表2　頼むときの表現を選ぶポイント

		相手が頼みを断ることができるか	
		できない	できる
利益を受けるのはどちらか	自分	**命令・禁止系**	**依頼系**
	相手	**命令・禁止系、依頼系**	**助言・勧め系**

5　コミュニケーションの実際

では、実際の会話ではどのような頼み方がされているのでしょうか。『談話資料』の中のやりとりからみていきます。まずは、親子の会話です。

親子関係は年齢差・立場の差がありますから、上下の差の値は大きくなるかもしれません。しかし、前にも述べたように、父親が権力者であるというかつての家族制度はくずれていますから、たとえ父子関係でもわたしの調査では、命令形だけを使った表現はひとつもありませんでした（**表1**）。

しかし、義理の父親（60代）と息子（30代）の関係性では、次のようなやりとりがみられました。

①　義理の父　：やあ［いやあ］、君らが面倒みてやんなさい。
　　義理の息子：いやいや、だから、あ、あん、いろいろ連れ回すつもりは、あるんですけど。
（30F202:173–174）

義理の父は、「面倒みてやんなさい」という指示がはっきりとした「命令系」の表現を使っています。義理の親子は親疎関係で言うと「疎」の改まった間柄であることが多いので、相手への配慮を表すために、単純に「面倒をみろ」とは言わずに、「〜なさい」という命令形の丁寧な表現を選択しているようです。

次の②も、親から子へはっきりとした指示表現が使われた例ですが、血縁関係のある親子のやりとりです。車を買ってほしいという娘（40代）に、母親（60代）が自分たちの車を使うように説得している場面です。

② 母：だから○○（娘の名）、前もってほら、言っとけばー{うーん［娘］}、あの土日とかほら、乗らないで、空けとくから。
父：そうだよ。
母：ね。
娘：うーん。
母：そうしな。〈少し間〉もう経費がかかるから買わないほうがいいよ。
父：ほんとだよ。

（70M201:240–246）

母親は娘に「そうしなさい」の略語である「そうしな」ではっきりとした要求を伝えていますが、その直後には「経費がかかるから買わないほうがいいよ」と理由とともに助言を伝えています。このようにはっきりとした指示表現だけを使って一方的に要求するのではなく、相手に断る余地を与えた「助言・勧め系」の表現を付け加えて、娘への配慮を表しています。ここで、①でみた義理の父親の発話と比べてみます。義理の父親は丁寧な命令形「〜なさい」を使っていましたが、②の母親は「〜しな」といって丁寧形を使っていません。しかし、このような「助言系」の表現を加えることによって、丁寧形が使われていない母親の発話の方が相手への配慮が感じられる表現になっているのは、おもしろいところです。敬語のような言語形式の丁寧さと相手への配慮の程度は必ずしも一致しないということです。

指示がはっきりとした「命令系」の表現は、親から子にだけ使われるとは限りません。次の例は、子から親に対する指示がみられるやりとりです。20代の娘が50代の父親のごはんのおかわりを盛ってあげようとしている場面です。

③ 娘：何か言いなよ、半分とか、お代わりとか。
父：いっぱい。

娘：〈フフ（笑い）〉、ね、お昼ご飯食べてないの？

（20F203:6-8）

娘は父親にとてもはっきりと指示を伝えています。なぜこのような表現が許されるのでしょうか。親子だからといって、どの親子でも必ずしも面子を傷つける度合いが同じというわけではないのです。個々の家族関係によって、B＆Lによる親疎の差や上下の差も異なります。こうした娘のことば遣いを見ると、この親子は友だち関係のように非常に仲が良いのかもしれませんし、この家庭内の役割では娘の権限が強くなっているのかもしれません。

次の会話も娘（40代）から母親（60代）に対して、はっきりとした命令表現を使っている例です。

④娘：なんか、洗濯物にもいっぱいくっついてるよー、

母：あ、そう？↗

娘：コロ（飼っている犬の名前）の毛が。

娘：うーん、〈少し間〉貸してごらん↗

（60F101:161-1-166）

「～てごらん」というのは、「～てごらんなさい」という尊敬語の命令表現の略されたものですが、親から小さい乳幼児に対して、あるいは学校の先生から児童生徒に対して使っているのをよく耳にします。つまり、もとは力や役割が上のものから下のものへ使われていた表現なのです。しかし、この例のように、親の高齢化によって保護者的な役割が親子で逆になった結果、力の差が縮まったり、逆転したりして、子から親に対しても使われるようになったと言えるでしょう。

次に、家族以外の関係での頼み方をみてみます。次の⑤と⑥は、20代女性の友人どうしのやりとりで、AがBの恋愛相談にのってアドバイスをしている場面です。同世代の友人どうしという親しい間柄なので上下の差もありませんが、実に多様な言い方をしています。

⑤ A：え、ちょっと甘やかさない方向でいったら？
B：〈沈黙〉え？↗

⑥ A：じゃ、今言ってみなよ〈ハハハハハ（笑い）〉。（後略）
B：〈沈黙4秒〉メールでってことでしょう？↗

（20F101:36–37）

(20F101:73–76)

⑤の例では、「助言・勧め系」の「〜したら？」を使い、⑥の例では「言ってみなさい」の語末が省略された「命令系」の表現を使っています。指示がよりはっきりとわかる「命令系」の表現の場合は、その発話の直後に笑いを伴って、冗談を装っています。これは、B&Lのイの積極的面子を傷つけるおそれを小さくしながら伝える方法です。

次は、別の20代女性の友人どうしのやりとりです。

⑦ C：ごめん、もっかい［もう一回］、正解、言ってくれる？↗
D：正解はー｛うん｝、（後略）。

(SF203:42–43)

この会話のやりとりの前に、CはDに正解を一度言ってもらっています。それなのに、Cはもう一度正解を言ってほしいと要求しています。このような繰り返される頼みは相手に負担をかけることになるので、Cは「ごめん」という謝罪表現で、相手の消極的面子を傷つけるおそれを小さくする配慮をしています。使っている表現も、「〜てくれる？」と相手が断る余地のある「依頼系」を選んでいます。

次はある美容院での客（30代女）と美容師（20代女）のやりとりです。

⑧ 客　：ゆるい感じに？↗
美容師：ゆるい感じに。
客　：はい、あんまりきつくならないパーマをかけたいんですけど。
美容師：はい。

(30F201:1–4)

客は自分のしてほしい髪形の要望を「ゆるい感じに」と最後まで言い切らない中途半端な表現をしたり、「かけたいんですけど」と自身の願望を伝えるにとどめた表現を使ったりしています。つまり、B&Lのウのほのめかしの方法をとっています。上下関係でいえば、客の方がサービスを受ける側なので、権限という力はあると考えられるのに、なぜ「ゆるい感じにしてください」や「きつくならないパーマをかけてください」と効率的にはっきりと言わないのでしょうか。

この場合は、美容師の方が技術力という点で力が上であること、そして客の側は素人で、自分の要望が適切かどうかの自信がないことによります。客の側が、相手である美容師に自分の要望を受け入れてほしいことから、自分の積極的面子が傷つかないように、断定した指示を避けていると思われます。このように面子は相手への面子への配慮だけでなく、自分の面子が傷つかないような工夫もされるのです。

6　よりよい関係性を築くために

ここで、最初に挙げた、資料作りを手伝ってもらいたい場合のやりとりに戻りましょう。実際に、このやりとりは『談話資料』のデータの中にあったものです。30代の女性大学教員Eが同じく30代女性の同僚Fと打ち合わせを兼ねた雑談中に、学生に配布する資料作りを頼んでいるところです。

Eは同僚のFにどのような表現で頼んだのでしょうか。

⑨
E：えーとですね、こういうものを作りたいんでー。
F：はい。
E：えーと、これが完成品です。
F：はい。
E：で、えーと、これをー、この原稿を、ここに〈少し間〉挟んで{はい}、ここにこういうふうに挟んで{はい}、で、ここをこう、この白い表紙と裏のこの紙と一緒にホッチキスどめをしてー{はい}、で、この{ああ、ああ}、えっとー、テープをめくって〈少し間〉こう{あ}、貼りつける{はーい}って感じなんで。
F：はい。
E：あ、ホッチキスが要りますよね。
F：あ、あります、あります。

(30F101:1-9)

ひとつの作業を頼むのに、これだけ多くの発話をしていることに驚きます。冒頭で挙げた5種類の頼み方のようにひとことでは済まないのです。また、「挟んで」や「ホッチキスどめをしてー」、「テープをめくって」などの「依頼系」の頼み方の前後には、「こういうものを作りたいんで」と願望の表現を使ったり、「貼り付けるって感じなんで」に出てくる「って感じ」のようにあいまいな表現を使ったりして、直接的な指示にならない工夫をしています。どうしてこのような面倒な言い回しをするのでしょうか。それが、コミュニケーションの実際、つまり他者との調整行動なのです。自分の言いたいことを伝えようとしながら、同時に相手へも配慮を表すために、さまざまな方法と多様な表現を駆使しているのです。

わたしたちは、相手に配慮した表現というと、すぐに敬語を使えばいいと思いがちですが、そうではありません。実際に、これまで挙げた例には丁寧なことばを使っていても配慮が感じられない表現もありました。円滑なコミュニケーションを保つには、まずは、わたしたちがどのような人間も、ふたつの相反する欲求を持っている自己であるということを知り、相手と自分との関係を正確に知ることが大事なのかもしれません。つまり、相手を尊重する姿勢をもつことこそコミュニケーションの極意なのです。

（髙橋美奈子）

第十二章

コミュニケーションの極意3——会話に笑いを

1 「箸が転んでもおかしい年ごろ」の人って誰のこと?

わたしたちは人と話をするときに、合いの手を入れたり、「うんうん」とうなずいたり、わざと驚いてみせたりします。一緒になって怒ったり泣いたり笑ったり。でも、相手の話を聞くだけではなくて、自分の言いたいこともちゃんと伝えたいですよね。ではどんなふうに表現すれば、楽しくことばの交換を続けることができるでしょうか。この章では笑いに焦点を当てて、会話の中で笑うのはどんな人で、どんなやりとりをしているのか考えてみたいと思います。

まず、『談話資料』の中の各場面の「笑い」をひろって、総発話数の中に占める割合をみてみましょう。笑いが出現する割合が15％を超えた場面を抜き出したのが表1です（小数点第2位四捨五入）。女性だけで話している場合では、30代2人の会話（27・1％）を筆頭に、40代

	総発話数	笑いの割合（%）
	118	27.1
	344	16.3
	161	16.1
	471	15.9
	119	15.1
	273	24.5
	390	22.3
	256	19.9
	384	19.5
	222	18.0
	443	16.3
	348	15.2
	360	15.0
	258	34.9
	333	26.1
	336	22.0
	285	21.1
	249	16.5
	176	15.9

表1　笑いが出現する割合が15％以上の場面（仮）

	話者（場面番号）	笑いの数	
女性どうしの会話	30代2人（30F101）	32	
	40代3人（40F102）	56	
	40代1人・50代1人（50F201）	26	
	学生2人（SF201）	75	
	60代2人（60F301）	18	
男性どうしの会話	40代3人（40M203）	67	
	学生2人（SM201）	87	
	学生2人（SM203）	51	
	30代2人（30M303）	75	
	40代2人（40M201）	40	
	70代4人（70M101）	72	
	30代1人・40代1人（30M302）	53	
	学生2人（SM102）	54	
女性と男性の会話	20代女性1人・男性1人（20M202）	90	
	20代女性2人・男子学生1人（SM103）	87	
	20代女性1人・男子学生1人（SM202）	74	
	30代女性1人・20代男性1人（20M203）	60	
	30代女性1人・男性1人（30M202）	41	
	70代女性2人・男性3人（70M102）	28	

3人（16・3%）、40代と50代（16・1%）、学生2人（15・9%）、60代2人（15・1%）の順で、全部で5場面ありました。一方、男性だけで話している場合では、40代3人の会話（24・5%）を初めとして、学生2人（22・3%と19・9%）、30代2人（19・5%）、40代2人（18・0%）、70代4人（16・3%）、30代と40代（15・2%）、学生2人（15・0%）と続き、全部で8場面あります。また、女男一緒に話している場面では、20代女性と男性（34・9%）、20代女性2人と男子学生（26・1%）、20代女性と男子学生（22・0%）、30代女性と20代男性（21・1%）など、全部で6場面あり、女性のみの場合とほぼ同じです。

次に、年代に注目してみましょう。まずは、会話で「笑い」が起きやすいのは、ほとんどが同世代で話しているときであることを頭に入れておいてください。そういう状況

表2　笑いが出現した場面における話者の性別

性別	場面数	笑いが15%以上現れる場面の数	笑いの割合（%）
女性のみ	31	5	16.1
男性のみ	20	12	60.0
女性・男性	45	6	13.3

で、女性のみの場面では、女子学生から60代までまんべんなく「笑い」があるのに対し、男性のみでは、学生が3場面、30代1場面、30代と40代1場面、40代2場面、70代1場面と、より若い世代の会話でよく笑っていることがわかります。

また表2では、話者の性別と笑いが出現した場面との関係を示しました。全96場面中、女性のみで話しているのは31場面、男性のみで話しているのは20場面あります。その中で、表1同様、「笑い」が15%以上現れる場面をみてみると、女性は16・1%の割合で笑いが起き、男性はなんと60%で笑いが起きています。

「箸が転んでもおかしい年ごろ」ということわざがありますが、『明鏡ことわざ成句使い方辞典』(2007年)によれば、この年ごろとは「ちょっとしたことでも笑う年ごろ。十代後半の女性をいう」とあり、さらに「思春期の女性が、日常のごく普通の出来事もおかしがって笑うことからいう」と説明が続きます。以下に、用例を引用してみます。

「バッタが跳ねたからといって大笑いしている。――だね」

「――だから、三人集まると話している時間よりも笑っている時間のほうが多いよ」

このことわざで表される若い女性像は、他愛なく、思慮深さもなく、さしたる理由もないのに、特におもしろおかしい場面でもないのに、ただケラケラと笑う性質をもつと描写されています。

若い女性の声は高くてよく響くからだというかもしれませんが、わたしが10代後半のころに、何を見ても何を聞いてもおかしくてしかたがなかったという記憶はありませんし、友だちと話していて意味なく笑い転げたこともありません。このことわざの解釈は、若い女性の性質を一面的にとらえているとしか言いようがありません。そして、今回、日常生活の中でごく普通に交わされている会話を集めた『談話資料』からは、「箸が転んでもおかしい年ごろ」であるのは、男子学生だということがわかりました。この実態に合わせるならば、「ちょっとしたことでも笑う年ごろ。主に十代後半から二十代の男性をいう」、「思春期、または思春期を終えた男性が、日常のごく普通の出来事もおかしがって笑うことからいう」と定義しなおす必要があるでしょう。

2 お笑いの日常化

ここではまず、「お笑い」のひとつである漫才を取り上げて、簡単にその変遷を追ってみることにします。現在の漫才は、「萬歳」、「万歳」、「漫才」と表記を変えながら、時代とともに表現形態や形式も変化してきました。近年の大きな変化は、1980年代の漫才ブームです。漫才といえば演芸場といった雰囲気が一新されて、若手漫才師が観客を笑いの渦に巻き込む様子がテレビ画面に映されました。当時の番組タイトルのひとつは「THE MANZAI」(フジテレビ)と、ローマ字表記でした。漫才ブームの1980年代に流行ったことばのひとつに、性格の根が明るいという意味の「ネアカ」がありましたが、お笑いブームが起きたことと、ネアカ的性質が焦点化されたことは偶然ではないと思われます。この時期が現在の「お笑い」の始まりと言えるでしょう。

さらに、2000年になってからは、賞レース形式の「M《エム》-1《ワン》グランプリ」(通称「M-1」、テレビ朝日)という番組が始まります。「漫才」が西洋風のおしゃれでポップな「Manzai」になり、さらにアルファベットの頭文字「M」に省略されるに至ったのです。つまり、かつて生の舞台でしか見ることができなかった、いささか古臭く伝統芸能的な「漫才」が、1980年代からおよそ20年後には、現代的で軽快な「M（anzai）」に変身したのです。

　この爆発的なお笑い文化の浸透の発端は、関西の吉本興業が１９８０年代に東京進出をしたことにあります。これは、ひとつには、関西弁が東京のテレビ局を通して、全国的に広がったことを意味します。もうひとつは、吉本興業が東京にもお笑いの養成学校を作り、多くのお笑い芸人を生み出してきた点です。現在でも、各テレビ局では定期・不定期にお笑い番組を放送しています。また、有名になった芸人は、テレビやラジオで自分の名前を冠した番組（冠番組）をもったり、司会をしたり、コメンテータやレポータになったり、バラエティやトーク番組、クイズ番組に出演して、その「おもしろトーク」を披露しています。今や、漫才師に限らず、コントグループや1人で芸をするピン芸人など、「お笑いタレント」と呼ばれる芸人をテレビで見ない日はありません。

　このように、お笑いのすそ野が一気に広がり、お笑いは私たちの日常となりました。では、『談話資料』に、こうした「お笑いの日常化」はどのような形でみられるでしょうか。

3 自然とやっちゃうボケとツッコミ

わたしたちは必ずしもおかしいから笑うわけではありませんが、笑いの原点はやはり「楽しさ」でしょう。相手と一緒に笑うことで場を和らげたり、相手に共感したりして、会話を盛り上げ、楽しさを共有しようとします。笑いは会話の潤滑油と言えそうです。『談話資料』をみても、笑いがない場面などひとつもありません。

では、『談話資料』の笑いが起きている箇所では、どんなやりとりが繰り広げられているでしょうか。まずは「ボケとツッコミ」です。典型的な漫才では、ボケ役とツッコミ役の2人で会話が進みます。ボケ役は、ありもしないことや馬鹿げていて荒唐無稽なこと、要するにおかしなことを言ったりしたりするわけです。ツッコミ役は、ボケ役に合いの手を入れながら、説明を加えたり、ボケ役を「いじったり」してあおります。ボケにツッコミが入ったりツッコまれてボケたりする中から笑いが生まれます。コントの場合は、芝居の中で同様の役を演じてゆく形式がとられます。

実際のやりとりをみてみましょう。まず、20代の女性Bは、「将来教員になったら、自分は若いけれども、毅然とした態度で生徒の親と渡り合えると思う」と言います。それを受けて、

20代男性Aは20代女性Cに向かって「(女性Bはそうだろうけど) この子 (女性C) には、それは務まらないだろう」というところから「コント」が始まります。すでにAとBは笑っています。

女性C：何でー？［声を高くして］
男性A：〈ハハッ (笑い)〉。
女性B：〈ハハハハ (笑い)〉。
女性C：言えるよ。
男性A：「分かんなーい」［Cの声色を真似て］{〈笑い〉［B］}〈笑い〉。
女性C：言えるよ、ちゃんと、「うるさい」って〈笑い〉。
女性B：言ってみて［笑いをこらえる感じで］、Aさんが、悪がきで…。
男性A：「C、うるせえよ」［乱暴な感じの声色で］とかさ、言われるの？
女性C：うるさーい。
女性B：〈笑い〉。
男性A：おめえが、うるせえんだよ［乱暴な感じの声色で］。

女性C：〈アハハハハ（笑い）〉、うるさーい。
男性A：「うるさーい」［Cの声色を真似て］。
女性C：〈アハハハハ（笑い）〉。

（SM103:318–331）

舞台は学校、女性Cは若い新任教師役です。女性Bはさらに、「Aは悪がきの生徒」であるという設定を加えます。すぐに、男性Aは悪がきの生徒を、女性Cは若い新任教師を演じ始めます。男性Aは、女性Cの声まねをしていじりながら、「うるさーい」とがんばってみせる女性Cに対して「おめえが、うるせえんだよ」とツッコミを入れています。

もちろんこの3人は、お客さんに笑ってもらうために演じているわけではなく、自ら楽しむために、瞬時に自分たちの役柄を察知してセリフを即興的に作ったのです。俗に言うところの「ノリ」がいいわけですね。その場でみんなでノッて盛り上げて、最後はみんなで大いに笑う。初めはクスッとしか笑っていなかった女性Cも、教員を演じながら大笑いしています。みんなでショートコントを披露して、会話を楽しんでいる様子が見えるようです。誰かのノリが悪いと、こうしたコミュニケーションは破たんしますし、お互いの信頼感がなければ、いじめにもつながりかねません。ノッてもいいが、悪ノリはだめなのです。

一般に関西の人たちは日常的な会話の中で、こうした「おもしろトーク」を楽しんでいると言われます。わたしが関西出身の友人に「もし、突然目の前の人が刀を振りかざすマネをして、エイッと切ってきたらどうする？」と尋ねると、「もちろん、アア…と言いながら倒れるマネをする」と言いました。理由を尋ねると、「だって、やってくれる相手にノらないと悪いじゃない」と。関西出身の元プロ野球選手古田敦也さんと結婚した関東出身のアナウンサー中井美穂さんは、日常的にボケる夫にツッコミを入れなければならないので大変だと、以前テレビ番組で話していました。『談話資料』に登場するのはみな関東圏に長く住んでいる人たちですが、もしかしたら日本中の人たちの笑いをめぐる文化は少しずつ変わってきているのかもしれません。

4　どんどん重ねて盛り上がる、みたいな

「みたいな」を使う心理については第九章に詳しいのですが、ここでは「みたいな」が連続

で使われるときの効果を検証してみます。40代の女性3人が昼食を取りながら、買い物について話しています。前半の内容は、思わずこっそり買ってしまう服のことそれに対する夫の反応について、後半は着るものに頓着のない夫に頒布会で下着を買ったときの様子と夫の反応についてです。ここではすべての引用はできないので、「みたいな」の発話だけを抜き出しています。短いやりとりの中で「みたいな」が結構な頻度で登場していて、3人それぞれが軽快に話を進めてゆく様子がわかります。

女性B：「また買ったの」、みたいな［笑いながら］。
女性B：ねえ、「だって安かったしー」みたいな。
女性B：でも、ばれちゃって、「それ持ってなかったよねえ」みたいなね、「え、え、ばれた」［笑いながら］。
女性A：いやいや、珍しいの着てると、「これ買ったんだね」みたいな。
女性A：そう、何か、いちいちね、「買ったの？」とかって言われると、だから何、みたいな［笑いながら］。
女性A：あなたのお金使ってないよ、一銭も｛〈笑い〉［女性C］｝、みたいな［笑いながら］。

女性B：じゃあ、こんな柄もおもしろいなみたいなね。
女性B：はい、来たよみたいな。（筆者注：「来たよ」は「通販で下着が届いた」の意）
女性A：そう、勝手に、うん、勝手に、勝手に引き出し入れとくみたいな［笑いながら］。
女性C：「##はいいな」とか、「今回の柄はいいなあ」みたいな［笑いながら］〈笑い〉。
（40F102:216,218,222,226,240,242,329,336–338）

どうでしょうか。3人とも笑いを交えながら楽しそうに話していますね。
「みたいな」については、松本修さんが『「お笑い」日本語革命』（2010年）の中でその使用例を過去にさかのぼって調査しています。松本さんはテレビ番組の企画・構成をしたり、プロデューサーとして仕事をしたりしてきた人です。松本さんによれば、今のような「みたいな」が広く使われるようになったのは、とんねるずの石橋貴明さんが「とんねるずのみなさんのおかげでした」（1997〜2018年、フジテレビ）という番組内で使ったことがきっかけなのだそうです。興味深いことに、このことばはもともと、大阪出身で東京に出てきた構成作家の玉井貴代志さん（2018年4月現在、73歳）が、厳しく緊張感ある会議の雰囲気を和らげようとして20年ほど前に使っていたというのです。

一部引用してみましょう。玉井さん自身のことばとしてこう紹介されています。

「とにかく会議を明るくしないといけない。追いつめられると、みんな暗くなっていきますからね。そんな中で、自然発生的に『みたいな!』が生まれたんです。みんな困っているときに、『どうすんの!みたいな!』と言うだけで笑いになる。さらに、『みたいな、みたいな!』と二度くりかえして、あとの『みたいな』は声を張り上げて裏声にする。これがドーンとウケるんです。」

(87頁)

これを松本さんはこう分析します。

それにしても興味深かったのは、「みたいな。」は、じつは追い詰められたとき、あるいは会議全体が重苦しいときに、状況を一変させ、一瞬にしてその場を明るい笑いの渦に巻き込んでしまうための装置であったという点である。

(88頁)

ここまでをまとめると次のようになります。現在使われている発話末の「みたいな」は、関西の言語文化の感覚をもつ玉井さんが、場の緊張を解くためにわざとおどけて使っていたところ、それが口癖となった。それを聞いていた石橋さんがこれをまね、番組内で使って流行った。注目すべきは、もともと「みたいな」を連発して使い始めたのは、当時50代前半だった「大人」である点です。ちなみに石橋さんは1961年生まれの56歳（2018年4月現在）ですから、このことばを流行らせたのは彼が30代なかばのときということになります。当時なら、「今どきの若い人」と呼ばれる年代ですね。

第九章（134頁）で取り上げている30代女性と50代男性との会話もそうですが、単独で使うよりも連続で使ったほうがよりウケるのです。またひとりで使うよりも複数で使うことで同意と共感が生まれ、お互いにノレるのです。そして、そこには笑いが生まれるという仕組みです。

『談話資料』では、文末と、文中だが文脈上ほぼ文末としてとらえられる、また「みたいな感じ」なども含めた「みたいな」止めの総数は739文、そのうち文中に「笑い」を伴うものは77文ありました。つまり、笑いを伴う「みたいな」表現は10・4%ということになります。この割合が高いか低いかは判断の分かれるところですが、「みたいな」が使われる10回に1回は笑いが起きていて、場合によっては連続して使われていることから、「みたいな」は、直接的な表現を避けて自分の意見を言うときだけに使われているわけではなさそうです。

キングオブコメディ（2015年解散）の定番のコントで、今野浩喜さんが「みたいな」と「的な」を連続して使うネタがあります。相方の高橋健一さんは有名な俳優やラッパーという設定で、坊主頭だったり短髪だったりの髪型でセーラー服姿の今野さんは、自分が高橋さんのファンであると言って感激します。しかし話しぶりは唐突、礼儀を欠いていて、一方的です。大声で「高橋↗じゃね↗」と奇妙なしり上がりアクセントで何度か繰り返し、高橋さんが仕方なく本人だと認めると、「大ファンなんですけどみたいな、大ファンなんですけどみたいな、大ファンなんですけどみたいな感じでやってます的な↗」と、リズムをつけて早口でまくしたてながら文末だけややゆっくりしたしり上がりのイントネーションで強調して畳みかけます。ファンには丁寧に接したいという様子の高橋さんが、この不愉快きわまりない今野さんのペースに巻き込まれながらコントは続きます。

「あなたのファンです」とは言わず、「みたいな」と「的な」で文末を濁して表現する今野さんの様子に、高橋さんも、見ている観客も、もしかしたらファンなのではなくて、単におちょくっているのではないかと思い始めますが、どうやらそうでもなさそうなのです。そして、今野さんの演じる奇妙な女子高校生と、ただただ圧倒されながらも、今野さんにまじめにツッコミを入れる妙が笑いを生むのです。

若い世代の観客がこうしたやりとりに大爆笑するのは、婉曲的に言いつつも笑いを含んだ「みたいな」の表現方法がごくごく身近にあるということの証左です。同時に、それが極端にまた過剰に表現されると、時と場合によってはふざけた様子に映るだろうことも実は知っているのです。だからこそ、このコントはそこを狙ってネタが作られていると言えます。そして「あれってウザイよね」という共感から笑いが起こるわけです。

第九章に登場する「60代の友人」は、「みたいな」という言い方に「いらっとくる」と言っていますが、若い世代の人たちは、「みたいな」があいまいでふざけた感じをもっていることを知っていて、それを楽しんで使っているのだと思います。そして、「みたいな」の効果が失われない限りは、この言い回しは今後も使われ続けるでしょう。あるいは、「みたいな」にも面白みに欠けるときが来て、すたれてゆくかもしれません。しばらくは、高齢者のイラつきと若者のノリとが共存してゆくのではないでしょうか。

（佐々木恵理）

参考文献

第一章　江戸時代から生きてきた「やばい」の今

『岩波国語辞典』五版　一九九四、六版　二〇〇〇、七版　二〇〇九、七版新版　二〇一一　岩波書店

『新明解国語辞典』初版　一九七二、三版　一九八一、四版　一九八九、七版　二〇一二　三省堂

『日本国語大辞典』第二版　二〇〇三　小学館

『平成二十六年度国語に関する世論調査〈平成二十七年一月調査〉』文化庁国語課　二〇一五年九月発行

第二章　強調表現　メッチャからスンゴイまで

真田信治監修　岸江信介ほか編『大阪のことば地図』和泉書院　二〇〇九

都染直也編『甲南大学キャンパスことば辞典』一九九二年作成　一九九九年ＨＰ公開

http://ha8.seikyou.ne.jp/home/wexford/newpage100.html

二〇一七年十一月十一日閲覧

永瀬治郎編『専大生キャンパスことば事典』第二版　一九九一、第四版　一九九七

守屋三千代「〈新〉方言「チョー」と「メッチャ」―創大生の使用状況」『日本語日本文学』三　創価大学日本語日本文学会　一九九三

山口仲美『若者言葉に耳をすませば』講談社　二〇〇七

『現代用語の基礎知識　１９９６年版』自由国民社　一九九五

第三章　「すごいきれい」はほんとうに「すごい」のですか？

金田一秀穂『金田一秀穂の日本語用例採集帳』学研教育出版　二〇一三

中尾比早子「程度副詞「すごい」の使用実態」『Nagoya linguistics』8　名古屋言語研究会　二〇一四

永瀬治郎「特集・新方言考」『言語生活』三九三号　筑摩書房　一九八五

増井典夫「形容詞終止連体形の副詞的用法―「えらい」「おそろしい」を中心に」『国語学研究』第二十七号「国語学研究」刊行会　一九八七

米川明彦『若者語を科学する』明治書院　一九九八

米川明彦編『日本俗語大辞典』東京堂出版　二〇〇三「新春鼎談」『週刊朝日』一九七八年一月十三日号　朝日新聞出版

『日本国語大辞典』第二版　二〇〇三　小学館

第四章　「とか」の勢いはとまりません

遠藤織枝・谷部弘子「話しことばに特徴的な新しい用法と世代差―「すごい」「とか」「ぜんぜん」「けっこう」

について」『ことば』十六号　現代日本語研究会　一九九五
佐竹秀雄「若者ことばとレトリック」『日本語学』十四巻十二号　明治書院　一九九五
佐竹秀雄「若者ことばと文法」『日本語学』十六巻四号　明治書院　一九九七
『現代用語の基礎知識1990年版』自由国民社　一九九〇
「平成十一年度「国語に関する世論調査」の結果について」http://www.bunka.go.jp/tokei_hakusho_shuppan/tokeichosa/kokugo_yoronchosa/h11/　二〇一七年十一月八日閲覧
「平成十六年度「国語に関する世論調査」の結果について」http://www.bunka.go.jp/tokei_hakusho_shuppan/tokeichosa/kokugo_yoronchosa/h16/　二〇一七年十一月八日閲覧
「平成二十六年度「国語に関する世論調査」の結果の概要」http://www.bunka.go.jp/tokei_hakusho_shuppan/tokeichosa/kokugo_yoronchosa/pdf/h26_chosa_kekka.pdf　二〇一七年十一月八日閲覧

第五章　「夫婦のことば」ちょっとのぞき見
遠藤織枝「映画の敬語　その1—戦後1940年代後半～1960年代」『日本語は美しいか』三元社　二〇一〇
小林美恵子「1960年代～現代の映画にみる妻の「美しい」日本語」『ことば』三十一号　現代日本語研究会　二〇一〇

第六章　超高齢社会のことば
遠藤織枝「「老人語」の特徴」『日本語学』九巻四号　一九九〇
辰巳格『ことばのエイジング—ことばと脳と老化の科学』大修館書店　二〇一二

第七章　消えた?!　日常会話の性差・世代差
金田一春彦『日本語』岩波新書　一九五七
金水敏『ヴァーチャル日本語　役割語の謎』岩波書店　二〇〇三
山本鈴美香『エースをねらえ』第一巻　集英社　一九七三
山本鈴美香『エースをねらえ』第八巻　集英社　一九七五

第八章　「この本、おもしろいっていうか」という心理

神永曉『悩ましい国語辞典』時事通信社　二〇一五
グループジャマシイ『教師と学習者のための日本語文型辞典』くろしお出版　一九九八
現代日本語研究会編『女性のことば・職場編』ひつじ書房　一九九七

第九章　「クレームつけるぞ」を「クレームつけるぞ、みたいな」という心理

現代日本語研究会編『女性のことば・職場編』ひつじ書房　一九九七
中島悦子「自然談話における「ようだ」「みたいだ」―非断定表現・婉曲表現を中心として」『談話資料 』ひつじ書房　二〇一六

第十章　コミュニケーションの極意1
――ほめと、ほめへの応え方

大峯伸之「大峯伸之のまちダネ　京町家の異邦人72」『朝日新聞』二〇一四年七月十一日付夕刊　大阪本社
Ishihara,N., &Maeda,M.2010.*Advanced Japanese: Communication in context*［ことばと文化の交差点―文化で読み解く日本語］.London,UK:Routledge.
http://cw.routledge.com/textbooks/9780415577087/teachers-guide.asp

第十一章　コミュニケーションの極意2
――頼みたいけど頼めないあなたへ

沖裕子「談話論からみた命令表現」『日本語学』三十三巻四号　明治書院　二〇一四
柏崎雅世『日本語における行為指示型表現の機能』くろしお出版　一九九三
髙橋美奈子「家族の談話にみられる行為要求表現の現在」『談話資料　日常生活のことば』ひつじ書房　二〇一六
ブラウン・ペネロピ、レヴィンソン・C・スティーヴン（田中典子監訳）『ポライトネス　言語使用における、ある普遍現象』研究社　二〇一一（原著:Brown,P.and Levinson,C.S.1987 *Politeness: Some Universals in Language Usage.* Cambridge University Press.）
リーチ・N・ジェフリー（池上嘉彦・川上誓作訳）『語用論』紀伊国屋書店　一九八七（原著:Leech,G.N. 1983 *Principles of Pragamatics.* London: Longman.）

第十二章　コミュニケーションの極意3
――会話に笑いを

北原保夫編『明鏡ことわざ成句使い方辞典』大修館書店　二〇〇七
澤田隆治『笑いをつくる―上方芸能笑いの放送史』（NHKライブラリー151）日本放送協会出版　二〇〇二
松本修『「お笑い」日本語革命』新潮社　二〇一〇
読売新聞大阪本社文化部『上方放送お笑い史』読売新聞社　一九九九

ま

み

む

め

も

や

索引

中島悦子（なかじま・えつこ）　第八章、第九章

元国士舘大学21世紀アジア学部教授、同大学大学院グローバルアジア研究科教授

主著：『条件表現の研究』（おうふう 2007年）、『自然談話の文法―疑問表現・応答詞・あいづち・フィラー・無助詞』（おうふう 2011年）

髙宮優実（たかみや・ゆみ）　第十章

アラバマ大学バーミングハム校外国語外国文学部准教授

主論文：「普通体を基調とした自然談話にあらわれる丁寧体 ―笑いが起こる場面に着目して」『談話資料 日常生活のことば』（ひつじ書房 2016年）、「普通体を基調とした自然談話に現れる丁寧体について ―不満を表明する際のアップシフトに着目して」『ことば』第38号（現代日本語研究会 2017年）

髙橋美奈子（たかはし・みなこ）　第十一章

琉球大学教育学部准教授

主論文：「家族の談話にみられる行為要求表現の現在」『談話資料 日常生活のことば』（ひつじ書房 2016年）、「第三者言語接触場面におけるスピーチレベルシフトの機能―日本語学習者同士の自然談話の分析から」『ことば』第38号（共著 現代日本語研究会 2017年）

佐々木恵理（ささき・えり）　第十二章

獨協大学経済学部等非常勤講師

主論文：「私の「ことばとジェンダー論」―大学の授業をとおして言語改革を考える」『ことば』第32号（現代日本語研究会 2011年）、「直接話法におけるジェンダー表現と役割語 ―翻訳されたセリフという視点から」『談話資料 日常のことば』（ひつじ書房 2016年）

執筆者紹介（＊は編者）

遠藤織枝（えんどう・おりえ）＊　第一章、第二章、第六章

元文教大学文学部教授

主著：『女のことばの文化史』（学陽書房 1997年）、『中国女文字研究』（明治書院 2002年）、『昭和が生んだ日本語―戦前戦中の庶民のことば』（大修館書店 2012年）、『やさしく言いかえよう 介護のことば』（共著 三省堂 2015年）

孫 琦（そん・き）　第三章

早稲田大学政治経済学部非常勤講師

主論文：「日本語教育における形容詞指導の注意点」『世界をつなぐことば』（三元社 2010年）、「日常会話における形容詞「すごい」の程度強調用法」『談話資料 日常生活のことば』（ひつじ書房 2016年）

増田祥子（ますだ・しょうこ）　第四章

帝塚山学院大学リベラルアーツ学部、武庫川女子大学文学部非常勤講師

主論文：「言葉遣いの実用書にみる「ほめ」の男女差」『ことば』第32号（現代日本語研究会 2011年）、「女性文末形式の使用の現在―『女性のことば・職場編』調査と比較して」『談話資料 日常生活のことば』（ひつじ書房 2016年）

小林美恵子（こばやし・みえこ）　第五章

早稲田大学日本語教育研究センター非常勤講師

主著・主論文：『中国語圏映画、この10年』（アトリエサード／書苑新社 2015年）、「「日常生活」における自称詞 ―特徴と使い分け」『談話資料 日常生活のことば』（ひつじ書房 2016年）

本田明子（ほんだ・あきこ）　第七章

立命館アジア太平洋大学言語教育センター教授

主論文：「発話の「重なり」にみられる日本語談話進行の特徴」『男性のことば・職場編』（ひつじ書房 2002年）、「自然談話にみられる重なりの諸相―親しい関係の日常談話から」『談話資料 日常生活のことば』（ひつじ書房 2016年）

シリーズ日本語を知る・楽しむ II

今どきの日本語
変わることば・変わらないことば

Japanese Language Today: Stability and Change
Edited by ENDO Orie

発行　二〇一八年六月十五日　初版一刷
定価　一六〇〇円＋税
編者　©遠藤織枝
発行者　松本功
ブックデザイン　小川順子　北田雄一郎
印刷・製本所　株式会社シナノ
発行所　株式会社ひつじ書房
〒一一二―〇〇一一
東京都文京区千石二―一―二　大和ビル二階
Tel.03-5319-4916　Fax.03-5319-4917
郵便振替00120-8-142852
toiawase@hituzi.co.jp　http://www.hituzi.co.jp/
ISBN978-4-89476-923-6

刊行のご案内

シリーズ日本語を知る・楽しむ I

古文を楽しく読むために

福田孝著

定価 一六〇〇円＋税

「これって本当に日本語？」「意味がわからない」「文法の丸暗記ばっかり」……とかく敬遠されがちな古文の授業。歴史的仮名遣いの読み方からなぜ動詞の活用を覚える必要があるのか、易しい敬語の理解の仕方、平安和歌の読み方まで、古代の人々の心情を感じ取りながら和文の性質にしたがいつつ古文を立体的に面白く読むための数々の〝いろは〟。古文を楽しく読んでみたい人、楽しくなる読み方を生徒に教えたい国語教師の方におすすめ。

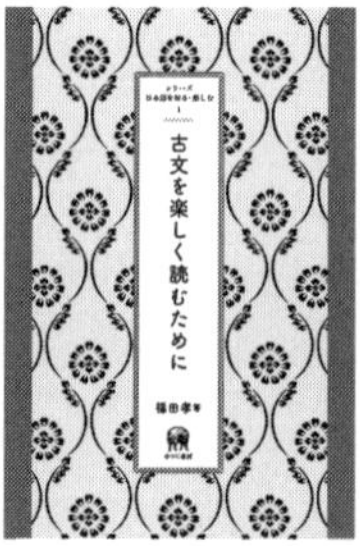